DIE WILDBLUMENKÜCHE

Annette Kretzschmar

Die WILD-BLUMEN-KÜCHE

THORBECKE

Verlag und Autorin weisen ausdrücklich darauf hin, dass dieses Buch kein medizinischer Ratgeber ist und keinesfalls den Besuch beim Arzt ersetzen kann. Die Wirkung von Wildpflanzen ist nicht in jedem Fall zuverlässig vorhersagbar. Wer Wildpflanzen anwendet, handelt deshalb auf eigene Verantwortung.

FSC Mix
Produktgruppe aus vorbildlich bewirtschafteten Wäldern, kontrollierten Herkünften und Recyclingholz oder -fasern
Product group from well-managed forests, controlled sources and recycled wood or fibre
www.fsc.org Zert.-Nr. SGS-COC-004238
© 1996 Forest Stewardship Council

Für die Schwabenverlag AG ist Nachhaltigkeit ein wichtiger Maßstab ihres Handelns. Wir achten daher auf den Einsatz umweltschonender Ressourcen und Materialien.
Dieses Buch wurde auf FSC-zertifiziertem Papier gedruckt. FSC (Forest Stewardship Council) ist eine nicht staatliche, gemeinnützige Organisation, die sich für eine ökologische und sozial verantwortliche Nutzung der Wälder unserer Erde einsetzt.

Bibliografische Information der Deutschen Nationalbibliothek
Die Deutsche Nationalbibliothek verzeichnet diese Publikation in der Deutschen Nationalbibliografie; detaillierte bibliografische Daten sind im Internet über http://dnb.d-nb.de abrufbar.

Gestaltung:
Finken & Bumiller (Tina Worbs), Stuttgart
Gesamtherstellung:
Jan Thorbecke Verlag, Ostfildern
Hergestellt in Deutschland
ISBN 978-3-7995-3561-8

Inhalt

WILDBLUMEN

Genuss aus der Natur

Die Freude an den Schönheiten der Natur und die Freude am Essen, eine große Portion Neugier und die Lust am kreativen Kochen haben mich dazu gebracht, die Möglichkeiten der Verwendung wild wachsender Blumen und Kräuter in der Küche genauer zu erkunden. Immer wieder erstaunt mich die Vielfalt und Intensität ihrer Aromen. So entstehen ständig neue Rezepte und zahlreiche Variationen.

Aus der Notwendigkeit heraus, sich mit Nahrungsmitteln zu versorgen, war die Verwendung von Wildpflanzen in der Küche über Jahrtausende ganz selbstverständlich. Nach einer Zeit der Entfremdung von Mensch und Natur war ihr Gebrauch bis zum Ende des letzten Jahrhunderts aber weitgehend in Vergessenheit geraten.

Heute entdecken wir das Wissen unserer Vorfahren neu. Fantasievolle Köche erschaffen eine Synthese aus den Aromen heimischer Blumen und Kräuter und den Inspirationen aus verschiedensten Küchentraditionen.

Die Rezepte sind jedoch keine Gesetze! Man sollte sie als Ideen und Anregungen betrachten, wie man ein Gericht zubereiten kann. Der persönliche Geschmack und eigene Erfahrungen, aber auch die verfügbaren Zutaten sorgen für ständige Abwandlungen und einen kreativen und experimentierfreudigen Umgang mit Blüten und Kräutern.

Voraussetzung dafür ist ein intensives Kennenlernen der Pflanzenwelt. Nur die genießbaren Blüten und Kräuter, die wir eindeutig bestimmen können, dürfen auch verzehrt werden, denn nicht alles, was gut aussieht und riecht, ist auch essbar!

Die Blüten sind besonders charakteristisch, oft werden wir sogar erst durch ihre Schönheit auf die Pflanze aufmerksam. Die Erkundung der gesamten Gestalt der Pflanze, auch ihrer Blätter und Früchte, ist jedoch für die zweifelsfreie Bestimmung unerlässlich. Dazu gehört die Beobachtung in allen Wachstumsphasen, was manchmal durchaus ein ganzes Jahr lang dauern kann. Dabei erlebt man bewusst den Wechsel der Jahreszeiten und wird für verschiedenste Zusammenhänge in der Natur sensibilisiert. Neben Pflanzen, die man früher gar nicht wahrge-

nommen hat, entdeckt man auch eine Vielzahl an Wildbienen, Schmetterlingen und Vögeln.
Bei Unsicherheiten, die immer wieder vorkommen können, zieht man im Idealfall mehrere Bestimmungsbücher oder auch Internetportale zu Rate. Je mehr Informationen zur Verfügung stehen, desto besser, denn die Angaben ergänzen einander, und man hat die Möglichkeit, verschiedene Abbildungen mit der zu bestimmenden Pflanze zu vergleichen.
Geführte Wildkräuterwanderungen sind eine gute Möglichkeit, sich erste Pflanzenkenntnisse anzueignen oder sein Wissen zu vertiefen. In den letzten Jahren haben sich zahlreiche begeisterte Naturfreunde zu Wildkräuterspezialisten ausbilden lassen und bieten vom Frühling bis in den späten Herbst Wanderungen und Wildkräuterseminare an, oftmals gekrönt von einem Wildkräutermenü.
Das Sammeln in der Natur ist zwar aufwändig, aber trotzdem mit Abstand die schönste Methode, sich die Zutaten für ein Wildkräuteressen zu beschaffen. Dabei ist allein die Bewegung an der frischen Luft schon eine Auszeit vom stressigen Alltag. Durch bewusste Konzentration auf die Pflanzen erlebt man eine ganz besondere Art meditativer Entspannung.
Wer nicht selber sammeln oder große Mengen verarbeiten will, wird auch immer häufiger auf guten Wochenmärkten oder bei spezialisierten Gärtnereien fündig. Einige haben Internetshops eingerichtet und verschicken die frischen Kräuter und Blüten sogar bundesweit per Paketdienst. Das erleichtert zwar die Planung eines Wildkräutermenüs erheblich, ist jedoch auch recht teuer.
Im Idealfall erntet man die Blüten und Kräuter unmittelbar vor ihrer Verwendung. Wer das Glück hat, über einen eigenen Garten oder wenigstens einen Balkon zu verfügen, wird seine bevorzugten Wildkräuter natürlich selbst anbauen wollen. Dafür sollte man aber unbedingt die Ansprüche an Boden und Licht sowie den Wasserbedarf der Kräuter beachten. Auch die Frage, ob die Anzucht in Töpfen erfolgversprechend ist, sollte vorher geklärt werden. Wer sich bei der Bestimmung der Pflanzen ganz sicher ist, kann die Samen seiner Lieblingskräuter selber sammeln. Ansonsten sät man lieber geprüftes Saatgut aus oder kauft sich vorgezogene Pflanzen.
Wildkräuter besitzen im Vergleich zu gezüchtetem Gemüse und Salaten einen wesentlich höheren Anteil an Vitaminen, Mineralstoffen und Eiweiß. Es wird sogar vermutet, dass sie Stoffe und Verbindungen enthalten, die in unserer „normalen" Ernährung gar nicht oder nur unzureichend enthalten sind. Nicht umsonst sind viele von ihnen auch bewährte Heilkräuter. Auf jeden Fall stellen sie im Sinne einer abwechslungsreichen und ausgewogenen Ernährung eine gesunde Bereicherung dar.
Bei der Beschäftigung mit Wildpflanzen stößt man unweigerlich auf verschiedenste Themen, die Interesse wecken und die Aufmerksamkeit fesseln können. Man lernt die Umgebung genauer kennen, beschäftigt sich mit Fragen zur Botanik und Gartengestaltung, mit dem Naturschutz und eventuell sogar der Neuanlage von Biotopen. Verschiedenste Inhaltsstoffe und ihre Wirkungsweise können genauer erkundet werden. Man macht sich mit der Heilkraft der Pflanzen und der Geschichte ihrer Verwendung vertraut und kann die eine oder andere Zubereitung daraus in der Hausapotheke nutzen.
Die enge Verbundenheit unserer Vorfahren mit der Natur spiegelt sich im Brauchtum und der Poesie früherer Generationen wider. So erfahren wir von mystischen Vorstellungen sowie von der Symbolik und Zauberkraft, die den Pflanzen zugesprochen wurden.
Auf diese Weise wirkt die Beschäftigung mit Wildkräutern und -blumen in vielerlei Hinsicht bereichernd. Lassen Sie sich also verführen und entdecken Sie Aromen, die beinahe in Vergessenheit geraten wären ...

Gutes Gelingen und viele neue Gaumenfreuden wünscht Ihnen dabei

Ihre Annette Kretzschmar

BEINWELL

SYMPHYTUM OFFICINALE

Familie:	Raublattgewächse
Lebensdauer:	mehrjährig
Wuchshöhe:	30–100 Zentimeter
Blütezeit:	Mai bis September
Vorkommen:	auf feuchten Wiesen, an Gräben, Wegrändern und Ufern, in lichten Wäldern

Aussehen und Anbau

Aus einem kräftigen Wurzelstock mit bis zu drei Zentimeter dicken Wurzeln, die außen schwarz und innen weiß und saftig sind, sprießen bis zu einen Meter hohe, verzweigte Triebe. Sie sind wie auch die schmallanzettlichen Blätter mit steifen, rauen Borsten behaart. Die unteren gestielten Blätter werden bis zu 30 Zentimeter lang und 10 Zentimeter breit. Nach oben hin werden die Blätter kleiner und wachsen herablaufend den Stängel umfassend. Die Unterseite ist grob geadert. In den oberen Blattachseln entwickeln sich gestielte, fünfzählige Blütenglocken in blau- und rotvioletten, seltener in cremeweißen Tönen. Die aufgehenden Blüten rollen sich wie Farnwedel spiralig auf, bis sie in ganzen Büscheln zur Erde herab nicken. Sie sind etwa zwei Zentimeter lang und in einen spitzzipfligen Kelch eingebettet. Beinwell liebt feuchten, mit Humus durchsetzten Lehmboden und sonnige Standorte. Er ist äußerst robust und entwickelt sich auch aus Resten durchtrennter Wurzeln neu. Die traditionelle Bauerngartenpflanze eignet sich zur Begleitpflanzung von Rosen und ist heute auch in verschiedenen Züchtungen erhältlich.

Kulinarisches

Die jungen Beinwellblätter mit ihrem elegant-würzigen Geschmack finden in der Küche für allerlei interessante Gerichte Verwendung. Besonders in Verbindung mit Käse oder Fisch lassen sich neue Geschmackserlebnisse schaffen. Genauso überzeugen sie in süßem oder herzhaftem Ausbackteig. Die jungen Sprosse können wie Spargel zubereitet werden und schmecken mit Schinken umwickelt und gebraten sehr delikat.

Wegen ihrer Größe eignen sich Beinwellblätter hervorragend, um darin verschiedene Füllungen aufzurollen, was auch optisch sehr reizvoll ist. Dafür blanchiert man die Blätter, schneidet den Stiel und die dicke Blattrippe heraus und trocknet sie anschließend auf Küchenkrepp. Dann werden sie auf Klarsichtfolie überlappend nebeneinander gelegt, mit der Füllmasse bestrichen, aufgerollt, in Form gedrückt und mindestens 20–30 Minuten gekühlt. Vor dem Servieren schneidet man diese Rouladen mit einem angefeuchteten Messer in Portionen. Als Füllung eignen sich beispielsweise würzige Gemüsepasten, Käsecreme oder Fischtatar.
Leider sind in Beinwellblättern geringe Mengen der leberschädigenden Pyrrolizidinalkaloide enthalten, weshalb man sie nur selten und in Maßen verzehren sollte. Wie immer macht die Dosis das Gift! Weiterhin enthalten sie reichlich Vitamine (A, B1, B2, B12, C und E) und Mineralien (Kalium, Kieselsäure, Eisen, Kobalt, Mangan), ätherisches Öl, Flavonoide, Harze, Allantoin, Gamma-Linolensäure sowie Gerb- und Schleimstoffe.

Heilkraft

Das Zusammenwirken seiner Inhaltsstoffe macht Beinwell zu einem gefragten Heilmittel bei stumpfen Verletzungen wie Prellungen, Verstauchungen und Zerrungen, bei Muskelkater und Sehnenscheidenentzündung, bei Nerven- und Gelenkschmerzen, bei Venenentzündungen, chronischen Geschwüren, bei der Narbenpflege und bei Neurodermitis. Dabei fördert das Allantoin die Neubildung von Zellen, die Rosmarinsäure und die Gamma-Linolensäure wirken entzündungshemmend und die Schleim- und Gerbstoffe reizmildernd und wundreinigend. Auch Schmerzen werden vom Beinwell gelindert und Verspannungen lösen sich, was zu mehr Beweglichkeit führt. Medizinische Beinwellzubereitungen wie Salben, Tinkturen und Emulsionen werden hauptsächlich aus den Wurzeln hergestellt. Aber auch Breiumschläge aus den Blättern sind wirkungsvoll und frische Blätter helfen bei Fußpilz, wenn man sie zwischen die Zehen steckt.

Wissenswertes

Der Name bezieht sich auf die wundheilungsfördernde Wirkung, die insbesondere auch zur Heilungsbeschleunigung bei Knochenbrüchen geschätzt wurde. Er setzt sich aus den aus dem Althochdeutschen stammenden Begriffen „Bein" (Knochen) und „well" von „wallen" (innig vermischen) zusammen.

Die Blätter dienten früher oft als Tabakersatz. Beinwell ist wegen der reichlich enthaltenen Nährstoffe ideal zum Düngen und Mulchen von stark zehrenden Pflanzen geeignet. Sie danken es mit kräftigem Wachstum und höherer Widerstandskraft gegen Schädlinge und Pilzkrankheiten. Eine Düngejauche setzt man aus einem Kilo grob zerschnittenen Blättern an, die mit zehn Litern Wasser übergossen werden. Mit einem Fliegengitter abgedeckt, stellt man den Ansatz wegen eventueller Geruchsbelästigung von Sitzplätzen entfernt ab und rührt täglich um. Die Jauche ist einsatzbereit, wenn der Gärprozess beendet ist, das heißt, wenn die Jauche nicht mehr schäumt. Jetzt kann sie im Verhältnis 1:10 dem Gießwasser zugesetzt werden. Unter Rosenbüschen kann man Beinwellblätter auch direkt ausbreiten, oder man überbrüht sie mit kochendem Wasser und harkt sie samt dem Sud nach dem Erkalten rund um die Rosenbüsche ein.

Für die Bestäubung der Blüten benötigt Beinwell langrüsselige Hummeln. Wie auch bei anderen Arten, beispielsweise der Akelei, stellen sich jedoch auch „Nektarräuber" ein: Kurzrüsselige Erdhummeln beißen einfach dort, wo innen die Nektardrüsen sitzen, ein Loch in die Blütenwand.

Gefüllte Kalbsröllchen

Für 4 Portionen

Zutaten:
je ca. 100 g Möhre, Kohlrabi, Staudensellerie und rote Paprika oder anderes Gemüse der Saison | 2 Frühlingszwiebeln | 2–3 EL Butter | 100–150 g junge, zarte Beinwellblätter | ca. 50 ml Brühe | 1–2 Knoblauchzehen | ca. 12 grüne entsteinte Oliven | 150 g Ziegenfrischkäse | 4 dünne Kalbsschnitzel à ca. 100 g | Salz | Pfeffer | etwas Mehl | 3 EL Olivenöl | 150 ml Weißwein | 150 ml Brühe | etwas Sahne

1. Das Gemüse und die Frühlingszwiebeln in winzig kleine Würfel schneiden und in der Butter 5 Minuten sanft braten. Die Stiele des Beinwells herausschneiden, die Blätter klein schneiden und zur Gemüsemischung geben. Die Brühe angießen und kurz aufkochen lassen.
2. Den Knoblauch und die Oliven mit dem Ziegenfrischkäse pürieren und mit der Gemüsemischung vermengen.
3. Die Kalbsschnitzel mit der Paste bestreichen, aufrollen und mit kleinen Holzspießen zusammenstecken. Mit Salz und Pfeffer würzen, mit Mehl bestäuben und in heißem Olivenöl rundherum anbraten.
4. Mit Weißwein ablöschen, etwas einkochen lassen, die Brühe angießen und bei geringer Hitze ca. 15 Minuten schmoren. Nach Belieben mit Sahne abrunden und nochmals abschmecken.

Tipp: Dazu schmecken Risotto, Kartoffeln oder auch frisches Baguette und Salat.

Beinwell-Eierkuchen

Für 4–6 Portionen

Zutaten:
etwa 12 schöne junge Beinwellblätter | 3 Eier | 25 g Rohrzucker | 1 Prise Salz | 1½ EL Öl oder flüssige Butter | 250 ml Milch | 80–100 g Mehl | evtl. je 1 TL Ingwer- und Zitronengraspulver | 500 ml Erdnussöl

1. Die gewaschenen Beinwellblätter zwischen Küchenkrepp vollständig trocknen.
2. Die Eier trennen und das Eiweiß steif schlagen. Die Eigelbe nacheinander mit dem Zucker, dem Salz, dem Fett, der Milch, dem Mehl und den Gewürzen verrühren. Den Eischnee unterheben.
3. Das Öl erhitzen, bis an dem Stiel eines hineingehaltenen Holzlöffels Bläschen aufsteigen. Die Beinwellblätter durch den Teig ziehen und im heißen Öl auf beiden Seiten goldgelb ausbacken. Beim Wenden und Herausnehmen ist eine Grillzange sehr hilfreich.

Tipp: Dazu schmeckt ein Klecks Schmand, mit Marmelade oder Ahornsirup verrührt, Honig oder auch Nussnougatcreme.

BORRETSCH

BORAGO OFFICINALE

Familie:	Raublattgewächse
Lebensdauer:	einjährig
Wuchshöhe:	30–80 Zentimeter
Blütezeit:	Mai bis September
Vorkommen:	auf siedlungsnahen Ruderalflächen, in Gärten

Aussehen und Anbau

Himmelblaue Blütensterne nicken büschelweise der Erde entgegen, so dass man sich etwas bücken und drehen muss, um sie in voller Schönheit bewundern zu können. Im Sonnenlicht schimmern und glitzern Millionen silberweiße, feine Härchen, die außer den Kronblättern alle Teile des Borretschs überziehen, um die empfindliche Pflanze vor Austrocknung zu schützen. Stempel und Staubblätter ragen senkrecht, spitz zulaufend aus der Mitte der fünf ihn umkränzenden Blütenblätter empor. Der fleischige, runde Stiel ist innen hohl und führt reichlich Wasser. Die wechselständig herablaufenden, ovalen Blätter werden bis zu zwanzig Zentimeter lang und sieben Zentimeter breit. Aus den Blattachsen wachsen ständig neue Seitentriebe nach.
Borretsch ist eine traditionelle Bauerngartenpflanze, die feuchten, mit Humus durchsetzten Lehmboden an sonnigen Standorten liebt. Hat man Borretsch einmal im Garten angesiedelt, braucht man sich um die Nachzucht nicht mehr zu kümmern, da er sich leicht selbst aussät. Er ist eine ideale Bienenweide und trägt zur Bodenverbesserung bei.

Kulinarisches

Die jungen Blätter des Borretschs verleihen Salaten, Suppen und Getränken ein gurkenähnliches, frisches Aroma. Sie sind Hauptbestandteil der berühmten Frankfurter Sauce. Die exotisch anmutenden Blüten erfreuen als essbare Dekoration Auge und Gaumen. Wegen der vielen rauen Borstenhaare schneidet man die Blätter sehr klein. Borretsch enthält Gerbstoffe, Schleimstoffe, Saponine, Kalium, Pyrrolizidinalkaloide, Vitamin C, ätherisches Öl, Harze, in den borstigen Haaren Kieselsäure und Gamma-Linolsäure in den Samen.

Heilkraft

Das aus den Samen gewonnene Öl hat einen besonders hohen Gehalt an Gamma-Linolsäure und wird in speziellen Zubereitungen als Nahrungsergänzungsmittel angeboten. Zur äußerlichen Anwendung wird es bei Hauttrockenheit und Neurodermitis, zur inneren bei rheumatoider Arthritis empfohlen. Personen, die mit blutgerinnungshemmenden Mitteln behandelt werden oder Arzneimittel einnehmen, die die Krampfschwelle herabsetzen können, sollten auf die Einnahme von Borretschsamenöl verzichten. In der Volksheilkunde wird Borretsch zur Linderung bei Entzündungen und Verschleimung der Atemwege, zur Beschleunigung der Wundheilung, zur Entwässerung und Erhöhung der Harnmenge sowie bei nervösen Unruhezuständen verwendet.

Wissenswertes

Es wird vermutet, dass Araber den ursprünglich in Kleinasien beheimateten Borretsch im Mittelalter nach Spanien brachten. Er wurde in den Gärten des Mittelmeerraums kultiviert und verwilderte von dort aus. Bei uns verdrängte er den verwandten Gewöhnlichen Natternkopf, der noch kratziger als Borretsch ist. Die jungen Blätter, in etwas Öl eingelegt, werden aber zu einem ähnlichen Gaumenschmaus und können genauso verwendet werden. John Gerard schreibt in „The Herball or Generall Historie of Plants" (1597): „Heute tun die Menschen die Blüten in den Salat, um sich fröhlich zu stimmen und die Laune zu verbessern. Vieles kann man aus der Pflanze machen, was das Herz erleichtert, die Sorgen vertreibt und den Geist erhebt. Die Blätter des Borretschs, im Wein zu sich genommen, machen Männer und Frauen froh und glücklich, vertreiben Trauer, Langeweile und Melancholie, das haben bereits Dioskurides und Plinius bestätigt. Sirup aus Borretschblüten ist gut für das Herz, lässt die Melancholie vergehen und beruhigt die Verrückten".

Fitness-Drink

Für eine Portion

Zutaten:
150 g Gurke | 1 rotschaliger Apfel | 1 Hand voll Borretschblätter | 3 Blättchen Gundermann | 3 kleine Blätter Kapuzinerkresse oder Rauke | 2 Scheiben Ingwer | etwas Zitronengras | Saft einer halben Zitrone | 250 ml Buttermilch | Salz | Pfeffer | 1 Borretschblüte

1. Die Gurke schälen, den Apfel vierteln und vom Kerngehäuse befreien, beides in Stücke schneiden. Die Kräuter ebenfalls grob zerschneiden und zusammen mit dem Ingwer, dem Zitronengras, dem Zitronensaft und der Buttermilch im Mixer pürieren.
2. Mit Salz und Pfeffer abschmecken und mit einer Borretschblüte garniert genießen.

Tipp: Probieren Sie auch mit Honig gesüßte Varianten, beispielsweise mit Melone und Orange, mit Eiscreme oder Joghurt.

Kartoffelsalat mit Borretschmayonnaise

Für 4 Portionen

Zutaten:
1 kg neue, fest kochende Kartoffeln | 25 g (2 Hände voll) junge Borretschblätter | 50–75 ml mild fruchtiger Essig | 2–3 Eigelb | Salz | Pfeffer | 1 EL mittelscharfer Senf | 250 ml geschmacksneutrales, natives Öl | etwas Zitronensaft | 1 Bund Lauchzwiebeln, in feinen Ringen | 1 kleine Salatgurke, längs geviertelt und in schmale Streifen geschnitten | 1 Bund Radieschen, fein gewürfelt | 2–3 EL kleine Kapern | 2 Eier, schnittfest gekocht | Borretschblüten zum Garnieren

1. Kartoffeln waschen und mit Schale etwa 20 Minuten kochen, danach abgießen, noch lauwarm pellen, abkühlen lassen und in Scheiben schneiden.
2. Die Borretschblätter grob zerschneiden und zusammen mit dem Essig, den Eigelben, dem Salz, dem Pfeffer und dem Senf pürieren. Unter ständigem Schlagen esslöffelweise das Öl zugießen, so dass eine cremige Sauce entsteht. Mit Zitronensaft abschmecken.
3. Von den Lauchzwiebeln, der Gurke, den Radieschen und den Kapern etwas für die Garnitur beiseitelegen, alles andere mit der Hälfte der Mayonnaise unter die Kartoffeln mischen und etwas durchziehen lassen. Mit dem restlichen Gemüse, den geviertelten Eiern und den Borretschblüten anrichten.

Tipps: Dazu passen Sülze oder Matjesfilets, zu denen man die restliche Mayonnaise serviert.
Wer Kalorien sparen will, ersetzt die Mayonnaise teilweise durch Joghurt oder fettarme Salatcreme.

Gazpacho rojo e verde

Für 2–4 Portionen

Gazpacho rojo:
3 rote Paprikaschoten | 3 vollreife Tomaten | 1 kleine Freilandgurke | 2 Knoblauchzehen | 1 Zwiebel | ½ Chilischote | 50 g Borretsch | 30 g Oregano (Dost) und Basilikum | 50 ml fruchtiges Olivenöl | 2 EL Rosenpaprika | Salz | Pfeffer | 1 Spritzer Zitronensaft | etwas fein geriebenes Weißbrot vom Vortag oder frisches Semmelmehl

Gazpacho verde:
3 grüne Paprikaschoten | 1 vollreife Tomate | 1 Freilandgurke | 2 Knoblauchzehen | 50 g Borretsch | 50 g gemischte Kräuter: z.B. Kapuzinerkresse, Gundelrebe, Giersch, Vogelmiere, Rauke und etwas Koriander | 50 ml Olivenöl | Saft einer kleinen Zitrone | Salz | Pfeffer | fein geriebenes Weißbrot oder frisches Semmelmehl | 2 EL Crème fraîche

Außerdem:
je 2 EL gewürfelte rote Paprikaschoten und Gurke | 150 g Crème fraîche | Borretschblüten zum Garnieren

1. Für den roten Gazpacho das Gemüse und die Kräuter in kleine Stücke schneiden und zusammen mit dem Olivenöl sehr fein pürieren. Mit den Gewürzen und dem Zitronensaft abschmecken und nach Belieben das Weißbrot oder Semmelmehl einrühren und mindestens eine Stunde kühlen.
2. Für den milderen grünen Gazpacho die Zutaten ebenso wie für den roten Gazpacho verarbeiten und die Crème fraîche unterrühren.
3. Suppenteller je zur Hälfte mit rotem und grünem Gazpacho füllen, etwas Crème fraîche auf die Trennlinie geben und mit Blüten garnieren.

Tipps: Mit geröstetem und mit Knoblauch eingeriebenem Brot ist dieses Gericht ein ideales Mittagessen an heißen Sommertagen. Mit kalter Gemüsebrühe und passierten Tomaten aufgefüllt und durch ein Sieb gestrichen wird der Gazpacho zum erfrischenden Getränk.

DOST

ORIGANUM VULGARE

Familie:	Lippenblütengewächse
Lebensdauer:	mehrjährig
Wuchshöhe:	30–60 Zentimeter
Blütezeit:	Juli bis September
Vorkommen:	trockene Wälder und Gebüsche, Halbtrockenrasen, Wegränder

Aussehen und Anbau

Seltsamerweise wissen nur wenige, dass der Dost – bekannter unter dem Namen Oregano – auch bei uns wild in der Natur vorkommt. Der Dost ist eine sehr robuste Pflanze, die bevorzugt vollsonnige, trockene Standorte mit kalkhaltigem und stickstoffarmem Boden besiedelt. Dort wächst er von Jahr zu Jahr dichter und bildet schon im Frühling dichte Polster, die dann bis Juli zu kleinen blühenden Büschen heranwachsen. Angelockt von ihrem Duft gaukeln zahlreiche Schmetterlingsarten über ihnen und laben sich zusammen mit Bienen und anderen Insekten am reichlich vorhandenen, zuckerreichen Nektar. Hunderte winzige, rosafarbene Blüten wachsen in doldigen Rispen, deren Hochblätter weinrot überzogen sind. Der ebenfalls rot überlaufene Stängel wächst aufrecht aus einem holzigen Rhizom, ist leicht behaart und bildet bei ausreichend Platz zahlreiche Seitentriebe aus den Blattachsen. Die aromatisch duftenden, gegenständig angeordneten Blätter sind spitz zulaufend oval, meist ganzrandig, kurz gestielt und werden bis zu vier Zentimeter lang. Im Spätsommer breiten sich nur einen Millimeter lange ovale Nüsschen, die sich aus dem Fruchtknoten entwickelt haben, als Ballonflieger mit dem Wind aus. Zusätzlich wird die Vermehrung durch unterirdische Ausläufer sichergestellt. Es kommt vor, dass auch von der gleichen Mutterpflanze stammende Ableger auf verschiedenem Boden verschiedene Färbungen aufweisen.

Kulinarisches

Die Blätter und Sprossspitzen des aromatischen Dosts würzen Fleisch- und Tomatengerichte, Pizza, Polenta und Omeletts, Suppen und Saucen und verleihen den Gerichten einen mediterranen Charakter. Die Blüten aromatisieren weinhaltige Getränke und schenken ihnen eine interessante Färbung. Das Aroma der Blätter und Blüten ist umso reicher, je mehr Sonne sie bekommen haben. Im Gegensatz zu vielen anderen Kräutern verlieren sie auch in getrocknetem Zustand kaum an Würz- und Heilkraft. Dafür werden die Triebe kurz vor und während der Blüte handbreit über dem Boden abgeschnitten. Man hängt sie gebündelt kopfüber an einem schattigen, luftigen Ort so lange auf, bis sie völlig durchgetrocknet sind. Dann werden sie unzerkleinert in gut schließenden Gefäßen aufbewahrt.
Vor allem die ätherischen Öle im Dost sorgen dafür, dass fettreiche Speisen bekömmlicher werden. Zusammen mit Gerb- und Bitterstoffen, Vitamin C, Antioxidantien und Flavonoiden bewirken sie auch zahlreiche medizinische Anwendungsmöglichkeiten.

Heilkraft

Viele verschiedene entzündungshemmende Stoffe wurden im Dost nachgewiesen. Wegen seiner schweißtreibenden, schleimlösenden und keimtötenden Wirkung wird er bei Erkrankungen der oberen Atemwege und Erkältungen eingesetzt. Der Dost hilft bei Appetitlosigkeit, Blähungen und krampfartigem Durchfall. Auch Schmerzen im Kopfbereich und niedergedrückte Stimmung lindert er durch seine allgemein entspannende Wirkung. Meist ist er Bestandteil von Teemischungen, man kann aber auch zusammen mit Salbei und Thymian alkoholische Auszüge ansetzen, aus denen sich, mit Honig gesüßt, ein schmackhafter Hustensaft herstellen lässt.

Wissenswertes

Das Wort „Oregano" kommt aus dem Griechischen und bedeutet „Schmuck der Berge". Die Griechen versprachen sich von mit Dost gewürztem Wein stärkere Liebeskraft. Andernorts sollte er Kummer und Schwermut vertreiben, wie auch einer seiner Volksnamen „Wohlgemut" andeutet. In einem Volkslied singt man: „Ein Blümlein auf der Heiden, mit Namen Wohlgemuth, lass uns der lieb' Gott wachsen, das ist für Trauern gut". Neben anderen Pflanzen gehört der Dost häufig in die Kräutersträuße, die zu Mariä Himmelfahrt stellvertretend für Gold, Weihrauch und Myrrhe geweiht und anschließend getrocknet in den Häusern aufgestellt werden, um Bewohner, Gäste und Vieh vor Unheil zu bewahren. In vielen Ländern Europas existieren Sprüche und Sagen, die von der großen Zauberkraft, die dem Dost zugesprochen wurde, berichten. Man glaubte, sich mit seiner Hilfe vor Hexen und Teufeln schützen zu können.

Spaghetti Bolognese nach Hausfrauenart

Für 6 Portionen

Zutaten:
500 g gemischtes Hackfleisch | 50 g Speck von luftgetrocknetem Schinken, in kleinen Würfeln | 2 EL Olivenöl | 4 Zwiebeln, fein gehackt | 6 Knoblauchzehen, fein gehackt | je 1–2 Möhren und Selleriestangen, sehr fein gewürfelt | Salz | Pfeffer | 1,5 kg Tomaten | 1 großes Bund Dost | je 1 Zweig Rosmarin und Thymian | 1 Salbeiblatt | 500 g Spaghetti | 3 EL Tomatenmark | 1 EL Zucker | 6 EL frisch geriebener Parmesan

1. In einem breiten Topf oder einer hohen Pfanne das zerpflückte Hackfleisch und den Schinken im heißen Olivenöl anbraten. Die Zwiebeln, zwei Drittel des Knoblauchs und das Gemüse einige Zeit mitschmoren und mit Salz und Pfeffer abschmecken.
2. Die Tomaten vom Stielansatz befreien, halbieren und in kleine Stücke schneiden. Den Dost von den Stielen streifen, klein wiegen und die Hälfte beiseite stellen. Die anderen Kräuter ebenfalls klein wiegen und zusammen mit den Tomatenstücken in den Topf geben, umrühren und ca. eine Stunde abgedeckt auf kleiner Flamme köcheln lassen.
3. Die Spaghetti in reichlich Salzwasser bissfest kochen.
4. Den restlichen Knoblauch und den Dost vermischen. Das Tomatenmark und den Zucker in die Bolognese einrühren und nochmals mit Salz und Pfeffer abschmecken. Mit den Spaghetti, dem Knoblauchdost und dem Käse servieren.

Dost-Pesto

Für ca. 5 Gläser à 275 ml

Zutaten:
100 g getrocknete Tomaten | 200 g Dost (etwa 20–30 Stiele) mit Blüten | je 1 Zweig frischer Rosmarin und Thymian | 100 g geschälte Mandeln | 10 Knoblauchzehen | 100 g Parmesan | 1 EL Salz | 750 ml gutes Olivenöl | Pfeffer aus der Mühle

1. Die Tomaten etwa 15 Minuten in Wasser einweichen. In der Zwischenzeit die Dostblätter und -blüten von den Stielen streifen, die Rosmarinnadeln und Thymianblättchen von den groben Stielen befreien und alles zusammen klein wiegen.
2. Die Tomaten abtropfen lassen, mit Küchenkrepp trocknen und klein schneiden. Die Mandeln zusammen mit den geschälten Knoblauchzehen und dem in Stücke gebrochenen Parmesan in kleine Stücke hacken.
3. Die zerkleinerten Zutaten in einer Schüssel zusammen mit dem Salz und 650 ml Olivenöl pürieren und anschließend mit Pfeffer abschmecken. Einen Teil z.B. für die Zubereitung von Antipasti verwenden, den Rest in kleine Gläser füllen, mit dem restlichen Öl versiegeln und kühl lagern.

Tipp: Für die Antipasti Auberginen, Zucchini, Tomaten und Büffelmozarella in Scheiben schneiden. Die Auberginenscheiben in Olivenöl anbraten, bis sie glasig sind, die Zucchinischeiben mit Olivenöl beträufeln. Alles mit dem Dostpesto bestreichen, wahlweise zu kleinen Türmchen übereinanderschichten und im auf 180 °C vorgeheizten Ofen etwa 10 Minuten überbacken. Dazu reicht man knuspriges Ciabatta und Oliven.

Sopes seques

Ein bayerisch-mallorquinisch inspiriertes Resteessen – für 4–6 Portionen

Zutaten:
6 Brezeln vom Vortag | ca. 400 g mageres Schweinefleisch oder Hackfleisch | 2 Weißwürste Münchner Art | 100 g luftgetrocknete Blutwurst | 50 g luftgetrockneter Bauernschinken | 1 kleiner Spitzkohl oder ¼ Weißkohl | 2 Spitzpaprika | 150 ml Olivenöl | 5–6 große Knoblauchzehen, fein gehackt | Salz | Pfeffer | 3 Zwiebeln, klein gehackt | 2 reife Tomaten, gehäutet und geschnitten | 3 EL Paprika, edelsüß | 2 Flaschen Hefeweizen | 500 ml Fleischbrühe | je 1 Zweig Thymian, Rosmarin und Salbei | 1 Lorbeerblatt | 1 TL gemahlener Kümmel | 3 EL Süßer Senf | 1 großes Bund Dost (8–10 Zweige) | 1 Blumenkohl

1. Die Brezeln in dünne Scheiben schneiden und weiter trocknen lassen.
2. Das Fleisch, die Würste und den Schinken in kleine Würfel schneiden. Den Strunk und die äußeren Blätter vom Kohl entfernen und diesen in feine Streifen schneiden. Die Paprikaschoten halbieren, die Kerne und die weißen Häute entfernen und ebenfalls in feine Streifen schneiden.
3. 100 ml Öl in einem breiten Topf erwärmen und die Hälfte des Knoblauchs darin frittieren, bis er fast verbrannt ist. Mit einer Schaumkelle herausnehmen und im gleichen Öl das Fleisch, die Wurst und den Schinken anbraten. Wenn alles schön Farbe angenommen hat, mit Salz und Pfeffer abschmecken und herausnehmen.
4. Wieder im gleichen Öl die Zwiebel mit einer Prise Salz ca. 10 Minuten lang auf kleiner Flamme frittieren, Tomatenstücke, Paprikastücke und -pulver zufügen und nochmals mit Salz und Pfeffer abschmecken.
5. Das Fleisch, den Kohl und auf Wunsch auch den frittierten Knoblauch wieder hinzufügen und eine Flasche Hefeweizen sowie die Brühe angießen. Die Kräuterzweige und das Lorbeerblatt zusammenbinden und in die Suppe hineinhängen. Den Kümmel und den Süßen Senf zufügen und nochmals abschmecken. Die Suppe aufkochen und dann 20 Minuten köcheln lassen.
6. Die Dostblätter von den Zweigen streifen und klein wiegen. Das sollte ca. 6–8 gehäufte Löffel ergeben, die zusammen mit dem restlichen Knoblauch in die Suppe gerührt werden.
7. Den Blumenkohl in Röschen zerteilen und die letzten 8–10 Minuten mitkochen, die zweite Flasche Hefeweizen zugießen und nochmals kräftig abschmecken.
8. Die Brezelscheiben im restlichen Olivenöl rösten und zu dem Eintopf reichen.

Tipp: Auf Mallorca kocht man diesen Eintopf in verschiedenen Varianten und natürlich ohne Hefeweizen und Brezeln. Stattdessen lässt man dünne, trockene Graubrotscheiben, die es dort schon geschnitten beim Bäcker und sogar im Supermarkt zu kaufen gibt, in der Brühe durchziehen. Wie verschiedene deutsche Brotsuppen ist das ein typisches Resteessen und spricht für die Kreativität der Hausfrauen vergangener Tage. Davon sollten wir uns immer wieder anstecken lassen!

FENCHEL

FOENICULUM VULGARE

Familie:	Doldenblütengewächse
Lebensdauer:	zwei- bis mehrjährig
Wuchshöhe:	50–200 Zentimeter
Blütezeit:	Juli bis September
Vorkommen:	auf Brachland, halbruderalen Magerrasen, an Weinberg- und Straßenrändern

Aussehen und Anbau

An einen riesigen Dill erinnernd, überragt der stattliche, bis zu zwei Meter hohe Fenchel die ihn umgebenden Pflanzen. Der runde, fleischig verdickte Stängel ist kahl und bläulich überzogen. Nach oben hin verästelt er sich mehrfach. Aus den bis zu zehn Zentimeter langen Blattscheiden ragen filigrane, mehrfach haarförmig gefiederte Blätter hervor. Die im Durchmesser fünf bis fünfzehn Zentimeter großen Blütenstände sind doppeldoldig: An zwei bis zwanzig Zentimeter langen Stielen wachsen bis zu vierzig kleine Döldchen mit wiederum bis zu vierzig winzigen, fünfzähligen, hüllenlosen, gelben Blüten. Sie verströmen wie die Blätter einen anisähnlichen, würzig süßen Duft. Die kleinen Früchte sind zylindrisch und haben fünf charakteristische breite, stumpfe Rippen.

Der ursprünglich im mediterranen Raum beheimatete Fenchel wächst in ganz Mitteleuropa wild und in Kultur. Er braucht einen warmen, vollsonnigen Standort mit mäßig trockenem, nährstoff- und kalkreichem Lehm- oder Lössboden.

Bei ausreichend Platz gibt der Fenchel mit seiner imposanten Gestalt Kräuter-, Gemüse- und selbst Blumenbeeten Struktur und Zierde. Da er selbst viele Nährstoffe braucht, sollte er nicht in der Nähe von anderen Starkzehrern wie Tomaten oder Bohnen stehen. Man sät ihn am besten direkt an Ort und Stelle aus, denn er lässt sich wegen seiner langen Pfahlwurzel nur schwer verpflanzen. Hat er einmal Fuß gefasst, sät er sich dann gern selbst aus. Die ausdauernden Pflanzen sollten im Herbst handbreit über dem Boden abgeschnitten und mit Reisig vor starkem Frost geschützt werden. Besonders reizvoll sind Züchtungen mit braunrotem Laub und pastellgelben Blüten. Der sogenannte Bronzefenchel hat ein besonders warmes Anisaroma und schmeckt etwas milder.

Kulinarisches

In der mediterranen Küche ist Fenchel traditioneller Begleiter von Fischgerichten aller Art. Fein gehackte Fenchelblätter würzen Suppen, Salate, Mayonnaise und Kalbfleisch. Auch in Marinaden für Spanferkel und Wildschwein hat er einen festen Platz, da er fettige Speisen bekömmlicher macht. Die Blüten sind eine attraktive Dekoration und geschmackliche Erweiterung zugleich für viele Sommergerichte. Fenchelsamen würzen Brot und Honig und runden auf Anis basierende Liköre ab (beispielsweise Ouzo, Pastis oder Absinth). Auch in der indischen Küche sind Fenchelsamen verbreitet.

Der Gemüsefenchel ist eine italienische Züchtung aus dem Würzkraut. Er hat einen besonders hohen Anteil an Vitamin C und Kalzium. Weitere Inhaltsstoffe des Fenchels sind Mineralsalze, Kieselsäure, Vitamin A und B, Kalium und Magnesium, in den Samen vor allem ätherische und fette Öle, Terpene und Flavonoide.

Heilkraft

Fenchel hat eine Vielzahl von wohltuenden und heilenden Wirkungen auf den menschlichen Organismus: Die Samen wirken vor allem gegen Blähungen, Krämpfe und Darmträgheit. Bei Säuglingen und kleinen Kindern hilft Fencheltee besonders gut. Stillende Mütter schätzen gleichzeitig seine milchbildende Wirkung. Schleimigen Husten vertreiben die ätherischen Öle durch ihre auswurffördernde und keimhemmende Wirkung.

Auch Beruhigung bringt Fenchel – gleichermaßen bei Schlaflosigkeit wie bei entzündlichen Prozessen. Aufgüsse finden als Tee, als Gurgelmittel und als Auflage bei Bindehautentzündungen Verwendung und dienen als reinigend und pflegend wirkendes Gesichtswasser. Auch zusammen mit Milch und Honig oder als Ölauszug spendet Fenchel seine heilsame Wirkung. Vor der Verwendung sollten Fenchelsamen immer zerdrückt werden, damit die ätherischen Öle optimal genutzt werden.

Wissenswertes

Da die Früchte nicht gleichzeitig reifen, werden die Dolden auch bei kultiviertem Fenchel nach und nach einzeln per Hand gepflückt. Dieser Fenchel ist von höherer Qualität als der Rest der Ernte, der dann abgemäht wird. Er dient zur industriellen Herstellung des ätherischen Öls Anethol, das für das klassische Anisaroma verantwortlich ist und als Duft- und Aromastoff für Seife und Mundwasser sowie in der Spirituosenindustrie verwendet wird.

Plinius schrieb über den Fenchel, er mache „Begierde zum Essen, stärcket die leiblichen Geister und mehret den natürlichen Samen und richtet die hangenden Mannsruten wieder auf". Auch das Kamasutra enthält ein Rezept für ein Getränk mit Fenchel, um die Manneskraft zu steigern, und Maurice Messegue, der moderne französische Phytotherapeut, lobt Fenchel als Liebesanreger in jeder Form.

Seit alters her gilt Fenchel auch als Schlankmacher, da er Fette bereits im Darm bindet.

Kartoffelsabayon mit Fenchelkraut und Fenchelgemüse

Für 4 Portionen

Kartoffelsabayon mit Fenchelkraut:
6 mittelgroße, weich kochende Kartoffeln | 2 Zwiebeln, fein gehackt | 4 Knoblauchzehen | 2 EL Olivenöl | ca. 400 ml Fischfond | 2 Sternanisfrüchte | 1 Bund (ca. 60 g) Fenchelgrün | 4 Eigelb | Salz | Pfeffer

1. Die Kartoffeln schälen und in kleine Stücke schneiden.
2. Die Zwiebeln und den Knoblauch im Öl anschwitzen, die Kartoffelstücke dazugeben und die Hälfte des Fischfonds angießen. Dann den Sternanis zufügen und alles köcheln lassen, dabei hin und wieder umrühren und mit Fischfond auffüllen.
3. Inzwischen das Fenchelgrün mit dem Wiegemesser sehr fein schneiden.
4. Wenn die Kartoffeln sehr weich sind, den Knoblauch entfernen, die Kartoffelmasse fein pürieren und etwas abkühlen lassen. Die Eigelbe verrühren und im heißen Wasserbad mit der Kartoffelmasse dickschaumig aufschlagen. Pikant mit Salz und Pfeffer abschmecken und den fein gewiegten Fenchel untermischen.

Tipp: Für eine einfachere Variante kocht man klein geschnittene Kartoffeln mit einer Zwiebel in wenig Wasser sehr weich. Nachdem die Zwiebel entfernt und etwas Wasser abgegossen wurde, zerstampft man die Kartoffeln, gießt gutes Olivenöl an, rührt Fenchelgrün und zerdrückten Knoblauch ein und schmeckt mit Salz ab.

Fenchelgemüse:
1 kg Knollenfenchel | 1 Zwiebel, fein gewürfelt | 2 EL Butter | Saft einer halben Zitrone | Salz | Pfeffer | 2–3 Kumquats, in feine Scheiben geschnitten, ersatzweise hauchdünn abgeschälte Orangenschale

1. Den Fenchel putzen und in feine Streifen schneiden, das Grün zur Dekoration zurückbehalten. Zusammen mit den Zwiebelwürfeln in der Butter anschwitzen und ca. 5–10 Minuten (je nach gewünschter Bissfestigkeit) bei mittlerer Hitze braten, dabei mehrmals wenden.
2. Den Zitronensaft angießen, mit Salz und Pfeffer abschmecken und mit den Kumquats und Fenchelgrün anrichten.

Tipp: Dazu passt knusprig gebratener Fisch.

Fenchellikör

Für 500 ml

Zutaten:
50 g frisch getrocknete Fenchelsamen | 1 Vanilleschote | 2–3 Kumquats | 2 Sternanisfrüchte | 150 g braunen Kandis | 500 ml Grappa

1. Den Fenchel in einem Mörser zerstoßen, die Vanilleschote längs aufschlitzen und die Kumquats halbieren.
2. Alle Zutaten in eine gut schließende Karaffe geben, den Grappa auffüllen und mindestens vier Wochen (je länger, desto besser) ziehen lassen. Dabei immer wieder umschütteln.
3. Man filtriert den Likör in schöne Flaschen und kann die Sternanisfrüchte und Kumquats wieder zufügen: Das sieht attraktiv aus und veredelt das Aroma.

Mediterraner Nudelsalat mit Fenchel und Sardellenfilets

Für 2–3 Portionen

Zutaten:
250 g Nudeln, z. B. Farfalle (Schleifchennudeln) | 2 EL gutes Olivenöl | 2 kleine Fenchelknollen | 50 ml Weißwein | 80 g in Öl eingelegte Sardellenfilets | 6 halbe eingelegte getrocknete Tomaten | Schale einer Zitrone | 75 g in Knoblauch und Kräuter eingelegte schwarze Oliven | 2–3 Knoblauchzehen | 1 walnussgroßes Stück Ingwer | ½ Chilischote | je 1 Zweig Rosmarin und Thymian | ca. 20 zarte Zweige Fenchelgrün | einige Kapernäpfel | etwas Kapernessig | 1 kleiner Brokkoli | 2 Tomaten | 2–3 Frühlingszwiebeln | Fenchelblüten und evtl. Wein- und/oder Feigenblätter zur Dekoration

1. Die Nudeln nach Packungsanleitung bissfest kochen, kalt abschrecken und evtl. mit etwas Olivenöl vermengen, damit sie nicht zusammenkleben.
2. Den Fenchel putzen, in feine Streifen schneiden und im Olivenöl anschwitzen, mit Weißwein ablöschen und 2–3 Minuten köcheln lassen.
3. Die Hälfte der Sardellenfilets und die getrockneten Tomaten in feine Scheiben schneiden und mit der Zitronenschale und den Oliven vermischen. Den Knoblauch und den Ingwer schälen, zusammen mit der Chilischote und den Kräutern fein wiegen und der Olivenmasse zufügen, ebenso die Kapernäpfel und etwas von dem Kapernessig.
4. Die Hälfte dieser Masse unter die Nudeln mischen. Den Brokkoli in kleine Röschen teilen, mit kochendem Wasser übergießen und einige Minuten darin ziehen lassen. So bleibt er schön grün und knackig. Die Tomaten klein und die Frühlingszwiebeln in feine Ringe schneiden.
5. Auf einer großen Platte den Nudelsalat mit der restlichen Olivenmasse, den Sardellenfilets und dem Gemüse anrichten und mit Fenchelblüten und Blättern dekorieren.

Tipp: Verwenden Sie je nach Geschmack und gewünschter Fettigkeit auch etwas von dem Öl der eingelegten Zutaten!

FRANZOSENKRAUT

GALINSOGA PARVIFLORA

Familie:	Korbblütengewächse
Lebensdauer:	einjährig
Wuchshöhe:	10–70 Zentimeter
Blütezeit:	Juni bis November
Vorkommen:	als Unkraut auf kultiviertem Land, in Gärten, auf Äckern, an offenerdigen Straßenrändern

Aussehen und Anbau

Das Franzosenkraut oder Kleinblütige Knopfkraut wirkt auf den ersten Blick eher unscheinbar. An einem wenig behaarten Stängel und seinen Verzweigungen wachsen gegenständig spitz-eiförmige Blätter von drei bis fünf Zentimetern Länge. Sie sind mehr oder weniger fein gezähnt. Am Stängelende stehen zwei bis neun Körbchen locker in traubigen Dolden. Meist umranden fünf kleine, weiße, dreigezähnte Zungenblüten die gelben Röhrenblüten im Inneren des Körbchens. Manchmal finden sich auch Kreuzungen mit dem eng verwandten Behaarten Franzosenkraut (G. ciliata).

Es ist ein feines und doch sehr starkes Kraut, das schon manchen Gärtner zur Verzweiflung brachte, der an dessen Stelle etwas anderes kultivieren wollte. Es ist zwar extrem frostempfindlich und taucht deshalb erst im späten Frühjahr auf, bei guten Bedingungen wie Wärme, hoher Luftfeuchtigkeit, frisch umgegrabenen, stickstoffreichen und kalkarmen Böden aber oft gleich massenweise. Dann wird man es kaum wieder los. Wird es nur ausgerissen, wurzelt es sich bei feuchtem Wetter schnell wieder ein. Ist es sehr trocken, kommen selbst unterentwickelte Samen noch zur Reife. Es liefert jedoch wertvollen Kompost und eignet sich bestens als Gründüngung. Oder man isst es einfach auf.

Kulinarisches

Das Aroma des Franzosenkrauts ist komplex und angenehm salatartig. In Kolumbien ist es das typische Gewürz Guascas des Festessens Ajiaco. Das ist eine sämige Hühnersuppe, die bereits von den Ureinwohnern, den Muisca-Indianern, mit drei verschiedenen Kartoffelsorten, Mais, Avocado und Guascas zubereitet wurde. Die Spanier bereicherten die Suppe später mit Kapern, Crème fraîche, Pfeffer und Zwiebeln. Der Weltenbummler Franzosenkraut ist ein Anpassungskünstler, der sich bestens in verschiedenste Küchenstile integrieren lässt. Wie bei Basilikum knipst man die oberen Blätter oder Blattpaare vor der Blüte mit Daumen und Zeigefinger aus, so dass sich ständig neue Triebe bilden. Man verwendet es für Salate, Suppen, Wildgemüse, für Saucen und Pesto. Mit reichlich Vitamin B1, C und E, Kalium, Kalzium, Eisen und Eiweiß ist das Franzosenkraut eine äußerst willkommene Bereicherung in der Küche.

Heilkraft

In der Homöopathie werden Auszüge aus den oberirdischen Teilen der blühenden Pflanze bei grippalen Infekten verwendet.

Wissenswertes

Das Franzosenkraut wurde 1796 aus Peru in die Kew Gardens bei London gebracht. Wegen seiner schmackhaften Blätter wurde es bald nicht nur in botanischen Gärten, sondern auch in landwirtschaftlicher Kultur angebaut. Es verwilderte und breitete sich etwa zeitgleich mit den Feldzügen Napoleons schnell in ganz Europa aus. Die Blüten erinnern an die Knöpfe der Uniformen französischer Soldaten. Daher auch der Name Franzosenkraut. Mittlerweile ist es auch in weiten Teilen Asiens verbreitet.

Vor allem bei Meerschweinchen und Schildkröten ist das Franzosenkraut als Grünfutter äußerst beliebt. Chinchillas mögen es getrocknet.

Ajiaco

Eine südamerikanische Hühnersuppe – für 4 Portionen

Suppe:
2 Hühnerbrüste mit Haut oder 4-6 Hähnchenschenkel | Salz | Pfeffer | 3 mittelgroße Zwiebeln | 4–6 Knoblauchzehen | 1 l Wasser | 1 Möhre | 1 Bund Koriandergrün | 1 Lorbeerblatt | etwas Kümmel | 4 frische Maiskolben oder 400 g Dosenmais | 200 g Franzosenkraut, Triebspitzen und Blätter ohne Stiele | 500 g rotschalige, fest kochende Kartoffeln oder Süßkartoffeln, geschält und in kleine Würfel geschnitten | 250 g mehlig kochende Kartoffeln, ebenfalls gewürfelt | 200 g kleine gelbe Kartoffeln, geschält und halbiert

Garnitur:
2 reife Avocados | Saft einer halben Zitrone | ca. 100 g Kapern | einige Korianderblättchen | 200 g Sahne oder Crème fraîche

Aji:
4 Frühlingszwiebeln, nur die zarten Teile | 1 Tomate, gehäutet und entkernt | 1 weiße Zwiebel, fein gewürfelt | 2 Chilischoten, entkernt | 3 EL Koriandergrün | 3 EL Weißweinessig | ¼ TL Salz

1. Für die Suppe die Hähnchenteile mit Salz, Pfeffer, einer sehr fein gewürfelten Zwiebel und zerdrücktem Knoblauch einreiben und am besten über Nacht marinieren.
2. Das Wasser mit den beiden restlichen gewürfelten Zwiebeln, den Möhrenstückchen, dem Koriandergrün und den Gewürzen zum Kochen bringen. Ein paar Korianderblättchen für die Garnitur aufheben.
3. Die Hähnchenteile, evtl. die Maiskolben (Dosenmais kommt erst später dazu) und das Franzosenkraut zugeben und 15 Minuten kochen lassen. Die fest kochenden Kartoffeln zugeben und weitere 15 Minuten kochen, dann die mehligen Kartoffeln zufügen und wieder 15 Minuten kochen. Wenn die Hühnerteile zart sind, werden sie herausgenommen.
4. Zuletzt die gelben Kartoffeln zufügen und alles bei offenem Topf etwa 30 Minuten weiterköcheln lassen, bis die Suppe schön sämig ist. Dabei gelegentlich umrühren. Inzwischen die Hühnerteile von Haut und Knochen befreien, das Fleisch in feine Streifen schneiden und in einer Schale bereitstellen.
5. Am Ende der Kochzeit die Kräuter herausfischen, in der Moulinette oder durch ein Sieb passieren und wieder zur Suppe geben. Die Maiskolben herausnehmen, die Körner abstreifen und zur Suppe zurückgeben bzw. den abgetropften Dosenmais zufügen. Nochmals abschmecken.
6. Für die Garnitur die Avocados in Scheiben oder Würfel schneiden und mit Zitrone beträufeln und ebenso wie die Kapern, Korianderblättchen und die Sahne bzw. Crème fraîche in separaten Schälchen bereitstellen.
7. Für das Aji alle Zutaten fein pürieren und in ein weiteres Schälchen füllen.

Die Suppe wird traditionell in tiefen Tonschalen serviert. Jeder nimmt sich Fleisch, Avocado, Kapern, Korianderblättchen, Aji und Sahne nach Belieben. Das Aji kommt nicht in jedem Rezept vor, ist aber garantiert eine Bereicherung für Freunde von Schärfe. Wer die Avocado nicht pur mag, kann sie auch zusammen mit dem Aji pürieren. Im Original werden die Maiskolben vor dem Kochen zerteilt und jeder erhält dann, ohne die Körner abzustreifen, ein Stück in die Suppe.

Tipps: In Deutschland gezogener Koriander schmeckt weniger intensiv als solcher aus Thailand und ist für dieses Gericht besser geeignet, da er den Geschmack des Kleinen Knopfkrauts nicht überdeckt. Wenn man die Kräuter für die Suppe vorher klein wiegt, spart man sich später das Passieren.

Mariniertes Fleisch mit Franzosenkraut in Kokosmilch

Für 4 Portionen

Zutaten:
4 EL Erdnussöl | 1 TL Kurkuma | 1 TL gemahlener Koriander oder geröstete Samenkörner | 2–3 Stangen Zitronengras | je 1 walnussgroßes Stück Ingwer und Galgantwurzel | 2–3 Knoblauchzehen | 1 große rote milde Pfefferschote | etwas Chili | 800–1000 g Fleisch (Keulen oder Brust von Hähnchen oder Ente, Schweine- oder Putenfilet) | Salz | 400 ml Kokosmilch | 100 g Franzosenkraut | Saft einer (Kaffir-)Limette

1. Zwei EL Erdnussöl mit Kurkuma- und Korianderpulver vermischen. Nur das weichere Innere des Zitronengrases, den Ingwer, die Galgantwurzel, die Knoblauchzehen und die Pfefferschote sehr fein schneiden und mit dem Ölgemisch zu einer feinen Paste verarbeiten. Nach Geschmack etwas Chili zufügen.
2. Das Fleisch in vier Portionen teilen, mit Salz und der Paste gut einreiben und einige Stunden marinieren.
3. Das restliche Öl in einer breiten und hohen Pfanne erhitzen, das Fleisch darin rundherum anbraten, bis es schön Farbe bekommen hat. Die Kokosmilch angießen und im vorgeheizten Backofen bei 180–200 °C etwa eine halbe Stunde garen, bis das Fleisch gar ist.
4. Inzwischen das Franzosenkraut fein wiegen. Das Fleisch herausnehmen und die Kokossauce mit dem Limettensaft abschmecken und das Franzosenkraut einrühren.

Tipp: Dazu passen asiatische Nudeln oder Reis und ein Salat mit frischen Sprossen.

Gefüllte griechische Käsetaschen

Für 14–18 Stück

Teig:
250 g Mehl | ½ Päckchen Backpulver | 50 ml Olivenöl | 20 g flüssige Butter | 100 g Schafmilchjoghurt

Füllung:
1 Ei | 150 g Fetakäse | 50 g Franzosenkraut, fein geschnitten | 15 g weitere Kräuter (Minze, Basilikum, Rauke oder Kresse), ebenfalls fein geschnitten | 25 g getrocknete Aprikosen, Datteln, Feigen und/oder Rosinen | 1 EL Sonnenblumenkerne | Zimt | etwas Zitronensaft | Salz

Außerdem:
Öl zum Fetten der Backbleche | etwas Mehl zum Ausrollen | 1 Eigelb zum Bestreichen

1. Das Mehl mit dem Backpulver vermischen und mit dem Öl, der Butter und dem Joghurt zu einem homogenen Teig verkneten. Im Kühlschrank eine Viertelstunde ruhen lassen.
2. Das Ei verschlagen, den Fetakäse zerkrümeln und mit den Kräutern unterrühren. Die getrockneten Früchte grob hacken, die Sonnenblumenkerne in einer Pfanne ohne Fett anrösten und beides ebenfalls untermischen. Mit Zimt, Zitronensaft und Salz abschmecken.
3. Den Herd auf 170 °C vorheizen. 2 Backbleche einfetten. Den Teig auf einem großen bemehlten Brett dünn ausrollen, mit einer Tasse oder einem Glas Kreise ausstechen und diese einzeln bis zu einem Durchmesser von etwa 8 Zentimetern weiter ausrollen.
4. In die Mitte jedes Teigkreises einen gehäuften Teelöffel der Füllung geben, in der Mitte zusammenklappen und die Teigränder fest zusammendrücken. Die Teigtaschen auf die geölten Bleche setzen, mit dem verquirlten Eigelb bestreichen und nacheinander 18–20 Minuten goldbraun backen.

Tipp: Die Teigtaschen kann man gut einen Tag vorher zubereiten und auf verschiedenste Weise füllen. Lassen Sie Ihrer Kreativität dabei freien Lauf!

Gundelrebe

GLECHOMA HEDERACEA

Familie:	Lippenblütengewächse
Lebensdauer:	mehrjährig
Wuchshöhe:	10–20 Zentimeter
Blütezeit:	April bis Juni
Vorkommen:	an feuchten Wald- und Wegrändern, auf nährstoffreichen Wiesen und an Ufern

Aussehen und Anbau

Die Gundelrebe – auch Gundermann genannt – ist ein rankendes Kraut, dessen Gestalt sich im Laufe des Frühlings rasch ändert: Anfang März erinnern die dichten Polster an winzigen, rotviolett angehauchten „Zwergengrünkohl". Doch schon bald strecken sich die ca. 15 Zentimeter langen Blütensprosse aus den niederliegenden Rhizomen aufrecht der Sonne entgegen. Ab Anfang April erscheinen aus deren oberen Blattachseln meist zwei bis drei blau- oder rotviolette Blüten in unpaarigen Scheinquirlen. Die obere Lippe ist verkürzt, die untere deutlich dreigeteilt, dunkel gezeichnet oder auch rötlich gefleckt. Ist die Blütezeit vorbei, wuchern die bis zu einen Meter langen Triebe mit gestielten, herz-nierenförmigen, gekerbten Blättern und bedecken recht große Areale. Die vierkantigen, fein behaarten Stängel liegen meist am Boden oder ranken an Baumstämmen, niedrigem Geäst, Zäunen und Mauern und treiben aus den Blattachseln neue Wurzeln. In schattiger, feuchter und nährstoffreicher Umgebung werden die Blätter besonders groß, glänzend und zart. Sie können fast das ganze Jahr über für kulinarische Zwecke geerntet werden.

Im Garten überzeugt die Gundelrebe als Bodendecker oder besiedelt Fugen im Natursteinpflaster. Bei Platzmangel bändigt man sie in Kübeln oder pflanzt sie in Ampeln, wo die hängenden Triebe sehr edel wirken. *Glechoma hederacea „Variegata"* ist eine im Gartenhandel erhältliche Züchtung mit attraktivem, weißgrünem Laub.

Kulinarisches

Herb ätherisch, intensiv würzig und leicht scharf – so kann man den Geschmack der Gundelrebe beschreiben. Delikat ist ihr Aroma im Zusammenspiel mit Milchprodukten und raffiniert in Kombination mit Sommerfrüchten, in selbstgemachtem Eis und in Gelees. Die Blätter sind eine köstliche Dekoration zu Desserts, wenn man sie in geschmolzene Schokolade taucht und anschließend auf Backpapier erstarren lässt. Genauso überzeugen sie als würzende Beigabe zu Kartoffelgerichten, Suppen und Salaten und harmonieren auch gut mit mediterranen Gerichten. Die hübschen Blüten bereichern Frühlingsbowle und andere aromatische Getränke.

Die in der Gundelrebe enthaltenen ätherischen Öle, Gerb- und Bitterstoffe, Mineralstoffe wie Kalium und Kieselsäure, Harze, Menthol, Vitamin C, Saponine und Flavonoide sind gleichermaßen für beeindruckende Geschmackserlebnisse wie für vielfältige Heilwirkungen verantwortlich.

Heilkraft

Die Gundelrebe zählte jahrhundertelang zu den wichtigsten Kräutern bei der Behandlung eitriger Wunden und Geschwüre. („Gund" bedeutet nach germanischem Sprachgebrauch „Eiter", „Beule", „Gift" oder „Wundjauche".) Sie wird in der Naturheilkunde unter anderem als auswurfförderndes Mittel bei chronischem Husten eingesetzt und dient zur Behandlung von Hauterkrankungen und Durchfall. Gundelrebe fördert den Appetit und den Stoffwechsel, wirkt stärkend bei körperlicher und geistiger Überanstrengung und mindert die Anfälligkeit für Infekte. Einen heilenden Ölauszug gegen Erkältungsbeschwerden und zur Hautpflege kann man sich leicht selbst herstellen, indem man das frische Kraut zerquetscht, mit Olivenöl übergießt und einige Wochen auf der warmen Fensterbank ziehen lässt.

Wissenswertes

Bevor das deutsche Reinheitsgebot eingeführt und Hopfen kultiviert wurde, diente die Gundelrebe zusammen mit anderen Kräutern als Würze und Konservierungsmittel in der Bierbrauerei.
Der noch nicht genau erforschte Bitterstoff Glechomin, auf den einige der heilenden Wirkungen zurückgeführt werden, ist für Pferde giftig und kann zu deren Tod führen.
Gundelrebe gehört unverzichtbar in die Neun-Kräuter-suppe an Gründonnerstag. Wunderliche Geschichten erzählen von den Zauberkräften, die ihr nachgesagt wurden: Als geflochtener Kranz im Haar getragen, sollte die Gundelrebe hellsichtig machen, band man ihn den Kühen nach dem ersten Austrieb auf die Weide beim Melken ums Euter, sollte er für reichlich Milch im ganzen Jahr sorgen. Gundelrebe sollte auch machtvoll vor Hexenwerk und Blitzschlag schützen.

Olivenpaste mit Gundelrebe und Ziegenkäse

Dieser Aufstrich schmeckt hervorragend zu hellem Brot, kann aber auch für verschiedene Füllungen verwendet oder mit Öl verdünnt zu Pasta gereicht werden. Eventuelle Reste sind im Kühlschrank einige Tage haltbar. Die angegebene Menge reicht für 4–6 Portionen.

Zutaten:
150 g schwarze Oliven ohne Stein | 1 kleine Chilischote | 3 Knoblauchzehen | ca. 150 g Gundelrebeblätter | 1 kleiner Zweig frischer Rosmarin | 1 Zweig Thymian | 6–8 frische Salbeiblätter | 250 g fester, milder Ziegenschnittkäse oder Bergkäse | 1 EL Kapern | ca. 100 ml Olivenöl | Salz | Pfeffer

1. Die Oliven, die Chilischote, der Knoblauch, die Kräuter, der Käse und die Kapern werden grob zerkleinert und zusammen in eine Schüssel gegeben.
2. Während man nach und nach das Olivenöl angießt, werden die Zutaten zu einer halbfesten Paste püriert. Mit etwas Salz und Pfeffer abschmecken.

CHAMAECISSOS

Gundelreb.

Walpurgisnacht-Quiche

Für eine Quiche (ca. 12 Stücke)

Zutaten:
330 g Mehl | ¾–1 TL Salz | 150 g kalte und 1 EL Butter | 125 ml Wasser | 1–2 Frühlingszwiebeln | 2 Hände voll Gundermannblätter und -blüten | 2 Hände voll weitere gemischte Wildkräuter (Wilde Rauke, Brunnenkresse, Taubnessel, Vogelmiere, Schafgarbe, Labkraut) | 400 ml Sahne | 4 Eier | ½ TL Salz | Pfeffer | 100–150 g Greyerzer oder Emmentaler

1. Das Mehl mit dem Salz in einer Schüssel mischen und die in Stücke geschnittene kalte Butter mit den Händen unter das Mehl mischen, bis die Masse gleichmäßig krümelig wird. Das Wasser zugießen und alles gut vermengen, aber nicht kneten. Den Teig flach in eine gefettete Springform drücken und eine halbe Stunde kühlen.
2. Den Herd auf 220 °C vorheizen. Die restliche Butter in einer Pfanne erhitzen. Die Frühlingszwiebeln fein schneiden und auf kleiner Flamme anschwitzen. Die Gundermannblätter und -blüten sowie die anderen Wildkräuter sehr fein wiegen, zu den Zwiebeln geben und kurz mitdünsten.
3. Die Sahne mit den Eiern und Gewürzen verrühren, den Käse reiben und die Hälfte davon ebenfalls unter die Sahne rühren. Die Kräutermasse auf dem Teig verteilen, die Sahnemischung darübergießen, mit dem restlichen Käse bestreuen und sofort auf der untersten Schiene 35 Minuten backen. Nach 15 Minuten die Hitze auf 180 °C reduzieren.

Avocado-Cremesuppe mit Gundelrebe und Räucherlachs

Für 2–4 Portionen

Zutaten:
1 Zwiebel, klein gehackt | 2 Knoblauchzehen, zerdrückt | 1 kleine Chilischote, entkernt und klein gewiegt | 1 EL Olivenöl | 400 ml Geflügelfond | 1 gestrichener TL Bindemittel | 2 weiche Avocados | 150 ml Cremefine oder Sahne | Saft einer Zitrone | Salz | Pfeffer | 2 Hände voll Gundelrebeblätter, klein gewiegt (3 EL) | 200 g Räucherlachs | Sahnemeerrettich | geröstete Baguettescheiben | einige Gundelrebeblätter und -blüten zur Garnitur

1. Die Zwiebel, den Knoblauch und die Chilischote im Olivenöl andünsten, den Geflügelfond angießen und aufkochen lassen. Alles fein pürieren und mit dem Bindemittel etwas andicken lassen.
2. Das Fruchtfleisch der Avocados mit der Cremefine oder Sahne pürieren, mit Zitronensaft, Salz und Pfeffer abschmecken und in die Brühe einrühren. Von der Herdplatte nehmen und 2 EL der gewiegten Gundelrebe einrühren.
3. Mit Räucherlachs, Meerrettich und Baguettescheiben anrichten, die restliche gewiegte Gundelrebe über die Suppe streuen und alles mit einigen Gundelrebeblättern und -blüten garnieren.

Tipp: Alternativ kann man die Suppe auch mit Sherry abschmecken und mit gebratenem Serranoschinken und Croutons servieren.

HUFLATTICH

TUSSILAGO FARFARA

Familie: Korbblütengewächse
Lebensdauer: mehrjährig
Wuchshöhe: 5–15 Zentimeter
Blütezeit: Februar bis Mai
Vorkommen: an sonnigen Wegrändern und Ufern, in Steinbrüchen, Sandgruben und an lichten Waldrändern

Aussehen und Anbau

Als einer der ersten Frühlingsboten schiebt der Huflattich zuerst seine Stängel mit den oliv-rötlichen Blattschuppen aus der Erde. Er reckt seine gelben, zwei bis zweieinhalb Zentimeter großen Blütenkörbchen immer der Sonne entgegen, und erst dann, wenn schon die weißen Samenschirmchen von wolligen Kugeln davonfliegen, haben sich die herzförmig gezähnten Blätter ausgebildet. Sie sind angenehm weich und anfangs überall, später nur auf der Unterseite weiß flauschig behaart. Die inneren, röhrenförmigen Blüten der einzeln stehenden Blütenkörbchen werden von zahlreichen zungenförmigen Randblüten umrahmt, die bis zu einen Zentimeter lang sind. Im Naturgarten gedeiht der Huflattich an feuchten, humusarmen Stellen. Er vermehrt sich mit seinen bis zu zwei Meter langen Wurzelausläufern sogar auf verdichteten Ton- und Lehmböden.

Kulinarisches

Junge Blütenstängel und Blätter bereichern Salate und Wildgemüse mit ihrem komplexen, angenehm würzigen Geschmack. Geschmacklich harmonieren sie gut mit Geflügelgerichten und jungem Gartengemüse. Wie gefüllte Weinblätter zubereitet, werden sie zu einem ganz besonderen Frühlingsgenuss. Die nach Honig duftenden Blüten schmecken würzig süß und aromatisieren Honig und Wein. Aber Vorsicht: Wegen ihres Gehalts an Pyrrolizidinalkaloiden sollten sie nur für kurze Zeit und nicht in großen Mengen verwendet werden! Die Blätter enthalten nur geringe Mengen Pyrrolizidinalkaloide, außerdem Flavonoide, Kieselsäure, Salpeter, Eisen, Kalium, Schwefelverbindungen, Bitter-, Gerb- und Schleimstoffe.

Heilkraft

Das Zusammenspiel seiner verschiedenen Inhaltsstoffe macht Huflattich zu einer wirksamen Heilpflanze, die schon seit über 2000 Jahren besonders zur Vertreibung von hartnäckigem Husten genutzt wird. Die Schleimstoffe bewirken einen dünnen Schutzfilm, der sich beruhigend über gereizte Schleimhäute legt. Huflattich wirkt außerdem auswurffördernd und entzündungshemmend, stärkt die körpereigenen Abwehrkräfte, klärt und strafft die Haut. Er sollte innerlich allerdings nicht länger als vier bis sechs Wochen übers Jahr verteilt angewendet werden. Besonders heilsam wirkt Tee aus Huflattichblättern bei Erkrankungen der Bronchien. Zur äußerlichen Anwendung werden bei Akne und schlecht heilenden Wunden mit dem Tee getränkte Kompressen aufgelegt. In der Apotheke sind Zubereitungen aus speziellen, Pyrrolizidinalkaloid-freien Anbausorten erhältlich.

Wissenswertes

Getrocknete Huflattichblätter dienten lange Zeit als Tabakersatz und zusammen mit anderen „Hustenkräutern“ wie Spitzwegerich, Minze, Salbei und Thymian sogar als Heiltabak bei Asthma und bei der Entwöhnung starker Raucher. Schon die Indianer nutzten die mineralstoffreiche Asche verbrannter Huflattichblätter als Salzersatz. Die Blüten sind eine wichtige Nektar- und Pollenquelle für zahlreiche Bienenarten, Schwebfliegen und Käfer. Auch mehreren in ihrem Bestand gefährdeten Schmetterlingsarten dient Huflattich als Futterpflanze.

Huflattichblütenwein

Für eine kleine Flasche

Zutaten:
1 Hand voll Huflattichblüten | 2 EL Zucker | 1 EL Zitronensaft | 300 ml Weißwein

1. Die Huflattichblüten werden klein geschnitten und mit Zucker und Zitronensaft vermischt in ein verschließbares Glas gefüllt. Dann gießt man den Wein auf und stellt das Glas für bis zu 2 Tage in die Sonne. Zwischendurch immer wieder schütteln!
2. Nachdem der Wein das Aroma der Blüten aufgenommen hat, wird er durch ein feines Leintuch oder Sieb abgefiltert und kann verschlossen im Kühlschrank bis zu ca. drei Wochen aufbewahrt werden.

Tipp: Dieser aromatische Blütenwein schmeckt pur aus kleinen Gläschen genossen ebenso, wie er auch frische Salate verfeinert. In der kreativen Küche bereichert man damit beispielsweise den Geschmack von Risotto. Löscht man den Bratensatz von kurz gebratenem Fleisch damit ab, erhält man eine raffinierte Sauce. Sein wunderbares Aroma verleiht der Huflattichblütenwein auch Desserts, wenn man ihn bei deren Zubereitung mitverwendet.

Huflattich-Dolmades

Für 4 Portionen

Füllung:
1 TL Olivenöl | 1 Zwiebel, klein gewürfelt | 1 Knoblauchzehe, fein gehackt | 140 g Risottoreis | 200 ml Weißwein | Salz | Pfeffer | 3 Stiele frischer Thymian oder 1 EL getrockneter | 300 ml Brühe | 300 g Hackfleisch | 1 Zwiebel, klein gewürfelt | je 1 Msp. Zimt und Koriander | 3 EL geröstete Mandelblättchen | 1 Ei

Dolmades:
40–50 handtellergroße junge Huflattichblätter ohne Stiele (oder entsprechend weniger größere Blätter) | 1 TL Olivenöl | 50 ml Weißwein | 1 Bio-Zitrone, in Scheiben geschnitten

1. Im erhitzten Öl die Zwiebelwürfel und den Knoblauch anschwitzen, den Reis zufügen und so lange rühren, bis dieser glasig geworden ist. Den Wein angießen, mit Salz, Pfeffer und Thymian würzen. Während der Wein aufgesogen wird, immer wieder umrühren. Nach und nach die Brühe auffüllen und den Reis bei geöffnetem Topf weitergaren, bis er alle Flüssigkeit aufgenommen hat.
2. Das Hackfleisch in einer flachen Schüssel mit den Zwiebelwürfeln und allen übrigen Zutaten für die Füllung verrühren und mit dem Reis zu einer homogenen Masse vermengen.
3. Die Huflattichblätter blanchieren und auf Küchenkrepp abtrocknen lassen.
4. Mit der filzigen Seite nach oben ausbreiten und auf jedes Blatt einen Löffel der Füllung geben. Die Blätter dicht aufrollen und dabei seitlich einschlagen, so dass kleine Päckchen entstehen.
5. Eine Glasdeckel-Pfanne mit dem Öl fetten, die Päckchen eng nebeneinander hineinlegen, mit Weißwein angießen und mit Zitronenscheiben belegen. Mit geschlossenem Deckel bei mittlerer Hitze etwa 20–30 Minuten dünsten.

Tipps: Kleine Blätter lassen sich dachziegelartig übereinander legen, so dass man über eine größere Fläche für die Füllung verfügt und die Größe der Röllchen angeglichen werden kann.
Das Gericht schmeckt auch kalt als leckeres Fingerfood, das allerdings gut verwahrt werden sollte, wenn man sicher gehen will, dass es sich nicht vorzeitig „verflüchtigt“.

Gebratene Huflattichsprossen in Eierkuchen

Für 4 Portionen

Eierkuchen:
8 Eier | ½ l Milch | 200 g Mehl | abgeriebene Schale einer unbehandelten Zitrone | Salz | Fett zum Ausbacken

1. Die Eier mit der Milch gut verschlagen, unter ständigem Rühren nach und nach das Mehl, die Zitronenschale und das Salz zufügen und alles zu einem schaumigen Teig verarbeiten.
2. Einige Zeit ruhen lassen und dann im heißen Fett goldgelbe, luftige Eierkuchen ausbacken und warm stellen.

Huflattichsprossen:
etwa 40 Huflattichsprossen | 2 EL Rapsöl | 200 g Crème fraîche | Saft einer Zitrone | 4 Scheiben Serranoschinken

1. Die Huflattichsprossen kurz mit kochendem Wasser blanchieren und abtropfen lassen. Das Öl in einer Pfanne erhitzen und die Huflattichsprossen darin rundherum kurz anbraten. Sie sollten noch bissfest sein. Herausnehmen und warm stellen.
2. Die Crème fraîche mit dem Zitronensaft cremig rühren.
3. Den Schinken scheibenweise von beiden Seiten im verbliebenen Fett anbraten. Die Pfannkuchen mit den gebratenen Huflattichstängeln belegen, zusammenklappen und mit Schinken und Crème fraîche servieren.

LABKRAUT

GALIUM MOLLUGO, GALIUM VERUM

Familie:	Rötegewächse
Lebensdauer:	mehrjährig
Wuchshöhe:	40–100 Zentimeter
Blütezeit:	Mai bis Oktober
Vorkommen:	auf sonnigen, nährstoffreichen Wiesen, an Weg- und Waldrändern

Aussehen und Anbau

Mit seinen wolkigen Blütenschleiern durchzieht das Labkraut die Wiesen und schmeichelt unseren Sinnen mit seinem honigsüßen Duft. Das weiße Wiesenlabkraut beginnt den sommerlichen Reigen, und bald darauf gesellen sich auch die gelben Dolden des Echten Labkrauts dazu. Winzige, nur zwei bis vier Millimeter große, vierzählige Blüten bilden in mehreren Teilblütenständen einen lockeren, pyramidalen Gesamtblütenstand. Am vierkantigen Stängel, der aufsteigend, kletternd oder niederliegend sein kann, sind in mehreren Etagen Quirle aus spitzen, einen bis zweieinhalb Zentimeter langen Blättern angeordnet. Beim Wiesenlabkraut sind es sechs bis neun schmale, beim Echten Labkraut acht bis zwölf nadelförmige. Im Frühjahr und beim Neuaustrieb nach dem Schneiden sind die Pflanzen wesentlich kompakter als vor und während der Blüte, weil die Quirle dann in viel kürzeren Abständen übereinander stehen.
Da die duftigen Blüten eine Zier für jeden sommerlichen Blumenstrauß sind, lohnt es sich, Labkraut im Kräutergarten oder auch auf der Wiese zu pflanzen oder auszusähen. Das Mähen schadet den Pflanzen nicht. Labkraut gedeiht besonders gut auf kalkhaltigen, nährstoffreichen Lehmböden.

Kulinarisches

Die mild würzigen Triebspitzen finden fast das ganze Jahr über Verwendung in der Naturküche. Sie bereichern vor allem Salate, Suppen und Wildgemüse, während die süß aromatischen Blüten Getränken, Gelees und Süßspeisen den Geschmack des Sommers verleihen. Vor allem der relativ hohe Gehalt an Kieselsäure macht Labkraut zu einem wertvollen Beitrag für eine ausgewogene Ernährung und durch seinen kräftigenden Einfluss auf Haare, Haut und Fingernägel zu einem Schönheitsmittel, das von innen heraus wirkt. Weiterhin sind Flavonoide, Glykoside, Saponine, Spurenelemente, Gerbstoffe, organische Säuren und wenig ätherisches Öl enthalten.

Heilkraft

Wegen seiner immunstärkenden, heilungsunterstützenden, entzündungshemmenden, krampflösenden und beruhigenden Wirkung wird Labkraut in der Volksmedizin seit Jahrhunderten zur Heilung einer Vielzahl von Erkrankungen eingesetzt. Frisches Kraut hat dabei eine wesentlich höhere Heilkraft als getrocknetes. Heute wird Labkraut hauptsächlich als harntreibendes Mittel und zur Unterstützung beim Abnehmen verwendet. Dafür bereitet man einen Tee aus zwei Teelöffeln frischem Kraut, das mit 200 ml kochendem Wasser überbrüht wird, und lässt ihn 15 Minuten abgedeckt ziehen. Zwischen den Mahlzeiten trinkt man dann dreimal täglich eine Tasse. In doppelter Konzentration wirkt dieser Aufguss in getränkten Kompressen lindernd bei Schürfwunden, leichten Entzündungen und Verbrennungen der Haut.

Wissenswertes

Früher wurden aus Labkräutern Farbstoffe gewonnen: rote aus der Wurzel (daher auch der Name Rötegewächse) und gelbe aus den Blüten des Echten Labkrauts. Man färbte damit Wolle und Stoffe. Auch der Chesterkäse verdankt ihm seine Farbe und den typischen Geschmack.

Mancherorts wurden Labkräuter Mariä Bettstroh genannt und getrocknet als Matratzenfüllung genutzt oder als Sträußchen über dem Bett aufgehängt. So sollten Krankheiten, giftige Tiere und andere schädliche Einflüsse ferngehalten werden. Im Kräuterstrauß zu Mariä Himmelfahrt am 15. August hat das Labkraut auch heute noch einen festen Platz.
Die Blätter des Echten Labkrauts enthalten einen Stoff, der – wie das Labferment des Kälbermagens – Milch zum Gerinnen bringt, weshalb das Labkraut früher auch zur Käseherstellung verwendet wurde.

Panna-Cotta-Creme mit Labkraut und Erdbeersauce

Für 4–6 Portionen

Zutaten:
600 ml Schlagsahne | ½ Vanilleschote | 50 g Zucker | ca. 15 Stiele frisch erblühtes Labkraut | 3 Eigelb | 3 Eiweiß | 2 Pk. (4 Beutel) Gelatinefix | Saft und Schale von einer halben Zitrone | 500 g Erdbeeren | 1 EL Bindemittel | 1 EL Rohrrohzucker | einige Minzeblätter, Labkrautspitzen und etwas Minzezucker als essbare Dekoration

1. 500 ml Schlagsahne in einen Topf gießen. Die halbe Vanilleschote aufschlitzen, das Mark herauskratzen und alles zur Sahne geben, den Zucker zufügen und das gut ausgeschüttelte Labkraut kopfüber hineinhängen. Nun die Sahne langsam erhitzen und 15 Minuten köcheln lassen. Das Labkraut herausnehmen und durch ein Sieb gut ausdrücken. Die Sahne abkühlen lassen, dabei hin und wieder umrühren, damit sich keine Haut bildet.
2. 100 ml Schlagsahne mit den Eigelben verrühren, die gekochte Sahne zugießen und unter ständigem Rühren erhitzen, bis die Sahne zu steigen beginnt. Jetzt den Topf vom Herd nehmen und einige Zeit weiterschlagen. Das Eiweiß zu sehr festem Schnee schlagen. Wenn die Sahne auf Zimmertemperatur abgekühlt ist, rührt man Gelatinefix ein, hebt den Eischnee unter und schmeckt die Creme mit Zitronensaft ab.
3. Eine geeignete Form mit kaltem Wasser ausspülen und die Creme darin am besten über Nacht im Kühlschrank erstarren lassen.
4. Ein paar schöne Erdbeeren zum Garnieren beiseitelegen, die anderen mit dem Bindemittel und dem Zucker pürieren und mit Zitronensaft abschmecken.
5. Die Creme vorsichtig mit einem spitzen Messer vom Rand lösen und vor dem Stürzen die Form mit der Creme kurz in heißes Wasser tauchen. Einen großen Teller kopfüber auflegen und beides zusammen beherzt umdrehen. Die Form vorsichtig abheben; die Creme löst sich nun ganz leicht heraus. Mit der Erdbeersauce umgießen und mit den restlichen Erdbeeren, der Minze und den blühenden Labkrautspitzen anrichten. Die Creme lässt sich wie eine Torte mit einem großen Messer portionieren.

Tipp: Auf die gleiche Weise lässt sich die Panna-Cotta-Creme auch mit Veilchenblüten, Holunderblüten oder Duftrosenblütenblättern zubereiten.

Frühlingswiesenpesto

Für ca. 6 Gläser à 275 ml

Zutaten:
500 g gemischte Wildkräuter mit Blüten und Triebspitzen von Wiesenlabkraut, Taubnessel, Vogelmiere, Giersch, Gänseblümchen, Schafgarbe, Knoblauchsrauke, Bärlauch, Pfeilkresse, Pimpinelle, Gundelrebe (je nach Geschmack mehr milde oder intensive Kräuter) | 200 g Cashewkerne (ersatzweise Pinienkerne) | 200 g Parmesan | 12 Knoblauchzehen | ca. 600 ml Olivenöl | 12–20 g Salz | Olivenöl zum Bedecken

1. Zumindest die intensiven und scharfen Kräuter separat voneinander fein wiegen. Die Cashewkerne im Ofen bei 180 °C 10 Minuten rösten, anschließend mit dem Käse und dem Knoblauch im Mixer zerkleinern.
2. In einer großen Schüssel nach und nach alle Zutaten mit einem Stabmixer pürieren, zwischendurch abschmecken, um die für einen selbst ideale Mischung zu bekommen. Das Pesto in Schraubgläser abfüllen und mit Olivenöl gut bedecken.

Tipp: So „versiegelt" hält das Pesto im Kühlschrank mehrere Monate. Man kann es aber auch gut einfrieren (auch im Glas!), dann hält es ein Jahr lang.
Das Pesto passt perfekt auf frisches Bauernbrot mit Avocado-Zitronencreme – dazu das Fruchtfleisch einer weichen Avocado zerdrücken, mit dem Saft einer Zitrone und etwas Salz abschmecken – oder Ziegenfrischkäse, garniert mit frischen Blüten.

Kaninchen mit Wiesenkräutern

Für 4 Portionen

Zutaten:
1 küchenfertiges Kaninchen | Salz und Pfeffer aus der Mühle | 2 EL Butter | 2 EL Mehl | 300 ml kräftige Brühe | 4 EL Öl | ¼ l Weißwein | 2–3 Hände voll junge Triebspitzen Labkraut | 2–3 Hände voll Triebspitzen von Taubnesseln | 2–3 Hände voll sehr zarte Schafgarbenblättchen | 2 unbehandelte Zitronen | 200 ml Sahne

1. Das Kaninchen in portionsgerechte Stücke teilen und mit Salz und Pfeffer einreiben.
2. In einem kleinen Topf die Butter schmelzen lassen, das Mehl darin anschwitzen und unter ständigem Rühren die Brühe zugießen, so dass eine leicht sämige Sauce entsteht.
3. Das Öl in einem Bräter erhitzen und die Kaninchenteile darin rundherum anbraten, bis sie schön Farbe genommen haben. Mit Weißwein ablöschen und die vorbereitete Sauce angießen.
4. Im Backofen bei 180 °C etwa 40 Minuten schmoren lassen.
5. Inzwischen die Kräuter verlesen und fein wiegen, die Zitronenschale abreiben und die Zitronen auspressen.
6. Die Kaninchenteile aus der Sauce nehmen und warm stellen. Die Kräuter und die Zitronenschale in die Sauce geben, mit der Sahne verfeinern und mit Zitronensaft, Salz und Pfeffer nochmals abschmecken.

MÄDESÜSS

FILIPENDULA ULMARIA

Familie:	Rosengewächse
Lebensdauer:	mehrjährig
Wuchshöhe:	50–200 Zentimeter
Blütezeit:	Juni bis August
Vorkommen:	an Ufern, in feuchten Gräben und flachen Mooren, auf feuchten Wiesen

Aussehen und Anbau

Das Große Mädesüß, die Königin der feuchten Wiesen, ist eine stattliche Staude mit unzähligen gelblich-weißen Blüten, deren betörender Duft an Honig, Vanille, Marzipan und Bittermandel erinnert. In ästigen Trugdolden stehen die fünfzähligen, kleinen Blüten und kleine, kugelige Knospen in kleinen Tuffs dicht aneinander. Die zahlreichen Staubblätter verleihen ihnen auch eine wahrhaft duftige Erscheinung. Der rötlich-braun überlaufene Stängel wächst aufrecht aus einer Rosette grundständiger Blätter und verzweigt sich nur im oberen Bereich. Er ist kantig und kahl und wird vom Ansatz der zwei- bis dreipaarig gefiederten Blätter umfasst. Sie haben eine sehr ausgeprägte Nervatur, sind von unten silbrig behaart und oft an den Spitzen etwas rot überlaufen. Zwischen den eiförmigen, zwei- bis fünf Zentimeter langen Fiederblättern mit doppelt gesägtem Rand finden sich im Wechsel kleinere Fiederchen. In den spiralig gedrehten Früchten reifen kleine Samen heran, die vom Wind verweht oder vom Wasser davongetragen werden. Einige bleiben bis ins nächste Frühjahr hängen und sind für viele Vögel eine beliebte Futterquelle. Die Pflanze überwintert in einem unterirdisch kriechenden Wurzelstock. Mädesüß tritt auf nährstoffreichen, feuchten Böden häufig in individuenreichen Beständen auf.
Im Garten eignet sich das sonnige Ufer eines Teiches für die Ansiedlung von Mädesüß. Man sät ab April in frische, feuchte Erde oder kauft vorgezogene Pflanzen.

Kulinarisches

Probiert man mit Mädesüßblüten aromatisierte Speisen, wird man von einem ungeahnten Geschmackserlebnis überrascht. Entweder man verfällt diesem köstlichen Aroma – oder man meidet fortan diesen intensiven Geschmacksreiz. Die frischen Blüten werden den Speisen klein gewiegt direkt, als Sirup oder als Auszug in Milch, Sahne oder Wein zugefügt. Sorbets und Desserts, Marmeladen, Saucen und Getränke werden so bittersüß vollkommen. Auch Herzhaftes und Liköre profitieren davon. Die Blütenknospen schmecken besonders intensiv und enthalten eher die herzhaften, die Blüten stärker die lieblichen Komponenten. Zum Frischhalten stellt man sie einfach in eine Vase. Kleine Insekten krabbeln von allein heraus, wenn man die Blüten vor der Verarbeitung eine Weile ausgebreitet liegen lässt und mit Zeitung abdeckt. Bis zum Austrieb des Stängels verwendet man auch die jungen Blätter, deren Geschmack besonders mit Meeresfrüchten harmoniert.
Mädesüß enthält viel ätherisches Öl, das auch Salicylglykoside enthält, und ist besonders reich an Flavonoiden, Gerbstoffen und Kieselsäure.

Heilkraft

Aufgrund der enthaltenen Salicylglykoside wirkt Mädesüß ähnlich wie Aspirin, nämlich schmerzlindernd, fiebersenkend, antiseptisch, entzündungshemmend und schweißtreibend, aber auch zusammenziehend und antioxidativ. Allerdings ist es wesentlich magenfreundlicher. Es wird bei Erkältungskrankheiten, bei rheumatischen Gelenkserkrankungen und bei Ödemen eingesetzt, in der Volksheilkunde auch zur Wundheilung und bei Magenerkrankungen. Man verwendet die Blüten und das Kraut getrocknet für Tee oder als alkoholischen Auszug.

Wissenswertes

1839 wurde aus dem Mädesüß zum ersten Mal Salizylsäure extrahiert, die spätere Grundlage für das erste chemisch hergestellte Heilmittel, das Aspirin. Mädesüß hieß früher *Spirea ulmaria*. Durch Umstellung und Austausch von Buchstaben kam man von Spirea auf den Namen Aspirin.

Man verwendete Mädesüß wegen seines süßen, herben Duftes und der antiseptischen Wirkung als Raumdeodorant und Wäscheduft. Der Duft sollte auch böse Geister und Dämonen fernhalten. Gern wurde es auch in Brautkränze geflochten.

Das aus den Knospen gepresste Öl wurde zur Herstellung von Parfüm verwendet.

Neben der Mistel, dem Eisenkraut und der Brunnenkresse gehörte das Mädesüß zu den vier heiligen Pflanzen der Kelten.

Das Mädesüß ist die wichtigste Futterpflanze des Mädesüß-Perlmutterfalters. Das Weibchen legt im August seine Eier an der Unterseite der Blätter ab. Im März schlüpfen die Raupen und ernähren sich von den Blättern. Auch bei den Raupen des Kaisermantels und des Zimtbärs sind Mädesüßblätter als Futter beliebt.

Mädesüß-Ricottacreme oder Mädesüß-Biskuitrolle

Für 4 Portionen

Mädesüß-Ricottacreme:
ca. 60 g Mädesüßblüten | 500 g Ricotta (italienischer Frischkäse) | 80 g Zucker | 3–4 EL Zitronensaft | 200 g Schlagsahne | 1 Pk. (2 Tüten) Gelatinefix | ca. 500 g frische Beeren (Himbeeren, Heidelbeeren, Brombeeren etc.)

1. Die Mädesüßblüten verlesen, evtl. einige zur Dekoration beiseitelegen, die anderen klein wiegen. Den Ricotta mit Zucker und Zitronensaft verrühren, die vorbereiteten Blüten untermischen und alles fein pürieren.
2. Die Schlagsahne kurz aufschlagen, unter ständigem Rühren das Gelatinefix einstreuen und weiterschlagen, bis die Sahne steif ist. Mit der Ricottacreme verrühren.
3. Die Creme mit den Beeren dekorativ in Gläsern anrichten und als Dessert servieren oder als Füllung für eine Biskuitrolle verwenden.

Biskuitrolle:
120 g Zucker und ca. 6 EL für das Geschirrtuch | 2 Pk. Vanillin-Zucker | 100 g Weizenmehl | 40 g Speisestärke | 1 TL Backpulver | 3 Eier | 5–6 EL heißes Wasser | 200 g Schlagsahne

1. Den Backofen auf 180–200 °C vorheizen. Ein Backblech mit Backpapier auslegen und den vorderen Rand senkrecht nach oben knicken. Den Zucker mit dem Vanillin-Zucker und das Mehl mit der Speisestärke und dem Backpulver vermischen.
2. Die Eier trennen. Das Eiweiß steif schlagen und dabei die Zuckermischung einrieseln lassen. Die Eigelbe mit dem heißen Wasser mit dem Handrührgerät auf höchster Stufe 1–2 Minuten schaumig schlagen, auf kleiner Stufe nach und nach die Mehlmischung unterrühren und zuletzt den Eischnee unterheben.
3. Die Masse auf das Blech streichen und 10–15 Minuten backen. Den Biskuitboden sofort auf ein mit Zucker bestreutes Geschirrtuch stürzen, das Backpapier mit etwas kaltem Wasser bestreichen und abziehen.
4. Die Mädesüßcreme sofort auf den Biskuit streichen, dabei rundherum etwa 3 Zentimeter frei lassen, die Hälfte der Beeren auf der Creme verteilen und den Biskuit aufrollen. Etwa 2–4 Stunden kalt stellen.
5. Die Sahne steif schlagen. Die Biskuitrolle in Scheiben schneiden und mit der Sahne und den restlichen Beeren anrichten.

Mädesüß-Honigwein

Zutaten für 4 Flaschen a 500 ml:
ca. 30 Blütendolden von Mädesüß | wahlweise Blütenblätter von 3 roten Duftrosen | 1 unbehandelte Zitrone, in dünne Scheiben geschnitten | 20 g Zitronensäure | 1 Vanilleschote | 2 Flaschen Weißwein, beispielsweise Muskateller | 500 g flüssiger Honig

1. Die Mädesüßblüten mit den Duftrosenblättern, den Zitronenscheiben, der Zitronensäure und der aufgeschlitzten Vanilleschote in ein abdeckbares Glasgefäß geben, mit dem Wein übergießen und 2–3 Tage in die Sonne stellen.
2. Die Vanilleschoten herausfischen und die Blüten durch ein großes, feines Sieb seihen. Will man einen klaren Wein erhalten, legt man das Sieb mit einem Mulltuch aus und seiht gegebenenfalls mehrmals. Den Honig zufügen und den Blütenwein so lange vorsichtig erhitzen, bis sich der Honig aufgelöst hat.
3. In gut gesäuberte Flaschen abfüllen, die Vanilleschote vierteln, auf die Flaschen verteilen und gut verschließen. Gekühlt hält sich der Mädesüßwein mindestens ein halbes Jahr.

Tipp: Der Mädesüßwein hilft warm und kalt pur beim Vertreiben drohender Infekte, wird gekühlt und mit Prosecco oder Sprudel aufgegossen zum leckeren Aperitif und lässt sich auch prima zu Desserts weiterverarbeiten.

Dorade mit Mädesüß-Mandel-Sauce

Für 4 Portionen

Zutaten:
2 Hände voll Mädesüßblüten (ca. 15 g) | 200 ml guter Weißwein | 2 große oder 4 kleine Doraden rosé (ca. 1200 g), ersatzweise Forellen | Saft von 2 Zitronen | Salz | 4 EL Raps- oder Sonnenblumenöl | 4 EL Butter | etwas Mehl zum Bestäuben der Fische | 25 g Mandelblättchen | 400 ml Fischfond | 200 ml Crème fraîche

1. Die Mädesüßblüten in den Wein einlegen, schonend erwärmen und abgedeckt etwa 2 Stunden ziehen lassen.
2. Die Doraden schuppen: Dazu hält man die Fische am Schwanz fest und schabt die Schuppen mit dem Rücken eines Messers ab. Am besten arbeitet man dabei über dem Spülbecken (Stöpsel reinstecken, damit man nicht den Abfluss verstopft!) oder noch besser im Freien. Man schneidet die seitlichen Flossen ab und reibt die Fische innen und außen mit Zitronensaft und Salz ein.
3. Den Mädesüßwein durch ein Sieb gießen. Die Blüten gut ausdrücken und in die Bauchhöhlen der Fische stopfen.
4. In 2 Pfannen je 2 EL Öl erhitzen und je 2 EL Butter darin schmelzen lassen. Die Fische mit Mehl bestäuben und im heißen Fett auf mittlerer Stufe in etwa 15 Minuten von beiden Seiten goldbraun braten.
5. Die Mandelblättchen ohne Fettzugabe in einer beschichteten Pfanne goldgelb anrösten, mit dem Wein ablöschen, den Fischfond zugießen und etwa zur Hälfte einkochen lassen. Die Crème fraîche einrühren und die Sauce weitere 3 Minuten reduzieren.
6. Die Doraden mit der Sauce und Beilagen nach Wunsch anrichten und einen guten Wein dazu reichen, am besten von der gleichen Sorte, in der die Blüten eingelegt wurden.

Tipp: Delikate Beilagen dazu sind Wildreis, dessen Aroma besonders reich und nussig ist, und knackig gedünstetes Möhrengemüse.

MALVE

MALVA SYLVESTRIS, M. MOSCHATA, M. ALCEA, M. NEGLECTA

Familie:	Malvengewächse
Lebensdauer:	zwei- bis mehrjährig
Wuchshöhe:	30–150 Zentimeter
Blütezeit:	Mai bis September
Vorkommen:	auf Ruderalflächen, an Weg- und Waldrändern, auf Geröllhalden und Wiesen, in Gärten

Aussehen und Anbau

Malven entzücken mit ihren wunderschönen hellrosa- bis purpurfarbenen Blüten von vier bis sieben Zentimetern Durchmesser. Fünf herzförmige Blütenblätter, von dunkleren Adern durchzogen, umkreisen ein kunstvolles Gebilde, das einer Fontäne gleicht: Zahlreiche zu einer Röhre verwachsene Staubblätter umhüllen den Stempel, aus dessen Spitze die Staubbeutel entspringen. Der Griffel ist in neun bis fünfzehn Äste verzweigt, was der Anzahl der Fächer entspricht, in die der oberständige Fruchtknoten geteilt ist. Die Blüten wachsen in endständigen Trauben aus den Blattachseln der aufrechten Stängel, die rundherum fein behaart sind. Die Blätter sind drei- bis siebenteilig und mehr oder weniger tief gelappt. Die hübschen Schwestern aus der Familie der Malven verbreiten das Flair prächtiger Bauerngärten und gedeihen auch in Kübeln gut. Noch mehr Abwechslung bringen die großen, dunkelpurpurfarbenen Blüten der Mauretanischen Malve und die kleinen pinkfarbenen der Präriemalve, die variantenreichen Stockrosen und der weißrosafarbene Eibisch. Im Frühjahr gekaufte Pflanzen blühen noch im gleichen Jahr, im Frühsommer ausgesät erfreuen sie ab dem nächsten Sommer. Sie gedeihen auf trockenen, kalkhaltigen und stickstoffreichen Böden. Gegen den Malvenrost, der die Pflanzen leider gerne befällt, hilft ein vollsonniger Standort, bodennahes Zurückschneiden nach der Blüte und Schachtelhalmtee im Gießwasser.

Kulinarisches

Die Blätter aller Malvenarten sind jung filzig und weich, mild und ohne intensiven Eigengeschmack. Gerade deshalb lassen sie sich wunderbar mit kräftigeren Aromen kombinieren. Zudem sind die gelappten Blätter sehr dekorativ. Man verwendet sie für Salate und Suppen, für Risotto und Saucen. Die Blüten sind als essbare Dekoration äußerst attraktiv. Sie eignen sich für Teemischungen, die dunklen auch als Färbemittel. Die jungen Früchte sind beispielweise pur, als falsche Kapern zubereitet oder mit Salz geröstet vielseitig verwendbar.
Malven enthalten sehr viel Kalzium, Schleimstoffe, Flavonoide, Gerbstoffe, Spuren ätherischer Öle und in den Blüten Anthocyanfarbstoffe.

Heilkraft

Vor allem der hohe Anteil an Schleimstoffen begründet die reizlindernde Wirkung von Malvenaufgüssen, die innerlich und äußerlich bei Entzündungen Linderung verschaffen. Sie lösen zähe Sekrete und bilden einen Schutzfilm über gereizte Schleimhäute. Bei Erkrankungen der Atemwege wirken sie hustenstillend und schleimlösend, bei Magen- und Darmproblemen krampflösend und leicht abführend. Ihre zusammenziehende Wirkung fördert außerdem die Heilung eitriger Verletzungen und Geschwüre.

Wissenswertes

Die Wilde Malve zählt zu den ältesten bekannten Nutzpflanzen, von deren Heilkräften schon im Alten Testament berichtet wird. Seit der Antike wurde sie als Heil- und Gemüsepflanze angebaut, über die Klöster fand sie den Weg in die Gärten der Bauern. Sie galt als Heilmittel bei allen Krankheiten. „Malve im Gemüsegarten lässt den Doktor draußen warten", lautete ein Sprichwort.

Die erweichende Wirkung von Malven übertrug sich auch auf ihre Symbolik: Überreichte man Malven, galt das als aufrichtige Bitte um Vergebung. Auch in der christlichen Kunst werden sie in derselben Bedeutung verwendet. Zusammen mit anderen Blumen und Kräutern wurde die Malve verräuchert, und man bat dabei um Fruchtbarkeit, gesunde Kinder und Schutz vor Krankheit.
Da die unreifen Früchte wie Miniaturen von Käseleibern aussehen, nannte man sie früher auch Käsepappel. Pappel, weil man aus ihnen ein nahrhaftes, breiiges Gemüse zubereitete, einen „Bapp".
Die Bezeichnung „Schwellkraut" geht auf Xenokrates, einen Arzt des römischen Kaisers Tiberius, zurück, der behauptete, Malvensamen, über die Genitalien gestreut, steigerten die Manneslust ins Unermessliche.
Der Volksname „Pissblume" hat mit der Verwendung als Schwangerschaftstest zu tun: Blieb eine Malve, auf die eine Frau uriniert hatte, lange Zeit grün, erwartete diese ein Kind, verdorrte die Malve nach kurzer Zeit, war die Frau nicht schwanger.

Gemischter Wildkräutersalat mit Heidelbeeren und Moschusmalven

Für 4–6 Portionen

Zutaten:
160–180 g gemischte Wildkräuter nach Angebot (z.B. Taubnessel, Vogelmiere, Löwenzahn, Rotklee, Schafgarbe, Labkraut, Wilde Rauke, Brunnenkresse, Gundelrebe, Franzosenkraut) und Blätter von Moschusmalven | 8 EL Sherryessig | 2 EL süßer Senf | 4 EL Ahornsirup | Salz | Pfeffer aus der Mühle | 9 EL Olivenöl | 4 Frühlingszwiebeln mit Grün | 6 große frische Knoblauchzehen | 4 runde Ziegenweichkäse à ca. 60 g | 400 g Heidelbeeren | Malvenblüten und evtl. Blüten von Sumpfschafgarbe und Hosta

1. Die Kräuter verlesen, wenn notwendig waschen und trockenschleudern. Die groben Stiele entfernen.
2. Für das Dressing den Essig mit dem Senf, 2 EL Ahornsirup, Salz und Pfeffer in einem hohen Gefäß vermischen und nach und nach mit 6 EL Olivenöl zu einer cremigen Sauce aufschlagen. Dazu benutzt man am besten einen Pürierstab.
3. Die Frühlingszwiebeln in sehr feine Streifen schneiden und unter das Dressing mischen. Ein Drittel des Dressings unter die Kräuter heben.
4. Den Knoblauch in Scheiben schneiden und im restlichen Olivenöl goldbraun ausbacken. Den Ziegenkäse evtl. quer halbieren, auf ein mit Backpapier ausgelegtes Blech setzen, den restlichen Ahornsirup auf den Käse streichen und im Backofen ca. 2 Minuten grillen.
5. Die Kräuter auf vier großen flachen Tellern mit den Heidelbeeren und dem Käse anrichten, mit dem restlichen Dressing beträufeln und die Knoblauchscheiben darüber verteilen. Mit den Blüten dekorieren und knuspriges Baguette dazu reichen.

Falsche Kapern

Für ein Schraubglas

Zutaten:
2 Tassen voll junge Malvenfrüchte | ½ TL Salz | 125 ml feiner Essig

1. Die jungen Malvenfrüchte mit Salz bestreuen und ein paar Stunden stehen lassen.
2. Den Essig aufkochen und die Früchte kurz darin aufwallen lassen. Die Kapern absieben und den Essig ein zweites Mal aufkochen. Zusammen mit den Malvenfrüchten in ein kleines Schraubglas füllen und gut verschließen.
3. Einige Tage später den Essig erneut aufkochen und wieder zu den Früchten geben. Nach ca. zwei Wochen kann man die falschen Kapern probieren. Lagert man sie kühl und dunkel, sind sie bis zu einem Jahr lang haltbar.

Tipp: Die Knospen von Löwenzahn und Gänseblümchen sowie auch die jungen Früchte der Kapuzinerkresse sind für diese Art der Zubereitung ebenfalls geeignet. Die Knospen sollten noch fest geschlossen sein. Löwenzahnknospen erntet man noch bevor der Stiel zu wachsen beginnt.
Die kleinen Kapern schmecken pikant und passen zu würzigen Salaten und zu gekochtem Ei ebenso wie zu Fisch und harmonieren besonders gut mit Schafskäse. Die großen Löwenzahnkapern kann man wie Oliven auf einem Vorspeisenteller anbieten.

ROTKLEE

TRIFOLIUM PRATENSE

Familie:	Schmetterlingsblütengewächse
Lebensdauer:	mehrjährig
Wuchshöhe:	20–60 Zentimeter
Blütezeit:	Ende April bis Oktober
Vorkommen:	auf fetten Wiesen, Halbtrockenrasen, Weiden, an Feldrändern

Aussehen und Anbau

Der Blütenstand des Wiesen-Rotklees mit rosa bis purpurroten kugeligen Blütenköpfchen von etwa zwei Zentimetern Durchmesser wird meist von den oberen Stängelblättern umhüllt. Die fünf Kelchblätter sind wie auch einzelne der fünf Kronblätter miteinander verwachsen. Die zehnnervige Kelchröhre und auch der aufrechte Stängel sind zart behaart. Die dreiteilig gefiederten Laubblätter wachsen wechselständig und weisen in der Mitte eine hellgrüne, manchmal auch weinrote Zeichnung auf. Sie sind eiförmig bis lanzettlich, haben einen glatten Rand und sind beidseitig mit feinen Härchen überzogen.

Der Wiesen-Rotklee wird als eiweißreiche Futterpflanze angebaut. Klee-Kulturen für verschiedene Klima- und Bodenverhältnisse sind seit dem 18. Jahrhundert in ganz Europa verbreitet. Da er mit Stickstoff fixierenden Bakterien eine Symbiose eingeht, eignet sich Wiesen-Rotklee im Naturgarten hervorragend als Gründünger und Vorfrucht für andere Kulturpflanzen.

Kulinarisches

Die mild-würzigen Blätter und die süß-nussartig schmeckenden Blüten sind eine attraktive und gesunde Bereicherung für Salate, Suppen und Saucen. Sie eignen sich außerdem als Gemüse und für Tee. Vor allem die Blüten sind reich an Vitaminen (C, E und Provitamin A), Flavonoiden, Gerbstoffen und Glykosiden. Man pflückt die Blüten einzeln oder mit den sie umhüllenden Blättern, die jungen Sprosse und zarte Blättchen am besten vormittags, nachdem der Tau getrocknet ist.

Heilkraft

Die im Rotklee enthaltenen Isoflavone, sogenannte Phytoöstrogene, weisen eine ganz ähnliche Struktur wie die weibliche Sexualhormone (Östrogene) auf und werden deshalb zur Unterstützung der hormonellen Balance in den Wechseljahren eingesetzt. Typische Symptome wie Hitzewallungen und Schweißausbrüche, Herzklopfen und Schwindel können so gelindert werden. Studien haben ergeben, dass bei regelmäßiger Aufnahme von Isoflavonen auch das Osteoporoserisiko und das Risiko, an Brustkrebs zu erkranken, vermindert werden können. Wegen seiner blutreinigenden Eigenschaften wird Rotklee auch als natürliches Mittel gegen Akne angewendet. In der Volksheilkunde wird er ferner bei Schleimhautentzündungen, Durchfall oder bei Leberbeschwerden genutzt. Rotklee wird in der Apotheke vor allem als Tee oder konzentriert in Kapseln angeboten.

Wissenswertes

Getrocknete und gemahlene Blüten des Rotklees verwendete man in schlechten Zeiten als Mehlersatz. Das daraus gebackene Brot nannte man in Irland und Schottland „Thambrak“.

Vermeintlich mit übernatürlichen Kräften ausgestattet, dienten vierblättrige Kleeblätter als Zaubermittel bei Liebesorakeln und Fruchtbarkeitsriten sowie zur Erkennung und Vertreibung von Dämonen und Hexen. Noch heute gelten sie als Glücksbringer.

Der Nektar des Rotklees befindet sich am Grund einer neun bis zehn Millimeter langen Röhre. Die Blüten werden daher meist durch langrüsselige Hummeln bestäubt. Nachdem Rotklee im 19. Jahrhundert auch in Australien und Neuseeland kultiviert wurde, mussten nachträglich Hummeln importiert werden, damit der Klee zur Samenreife gelangt. In Amerika wird der ebenfalls nicht einheimische Wiesen-Klee durch Vögel bestäubt.

Bandnudeln mit Rotkleesauce und gerösteten Margeritenknospen

Für 4 Portionen

Zutaten:
100 g Rotkleeblüten mit dem obersten Blattpaar (ca. ein Liter-Maß voll) | 6–8 Zweige Dost | 3 Zweige Zitronenmelisse | je eine Hand voll Löwenzahnblätter, Schafgarbe und Spitzwegerich | 6–8 Tomaten | 2 EL Olivenöl | 1 große Zwiebel, klein gewürfelt | 2 Knoblauchzehen, gehackt | 1 TL Gemüsebrühpulver | 3 EL Schmand | Salz | Pfeffer | 1 TL Zitronenzucker | 400–500 g Bandnudeln | 1 kleines Ei | 3 EL frisch geriebener Parmesan | 3 EL gemahlene Walnüsse | 3–4 Hände voll Margeritenknospen | 1 EL Mehl | 20 g Butter | einige Blättchen und Blüten zum Garnieren

1. Die Rotkleeblüten und die Kräuter verlesen, die Blätter von den Zweigen streifen und alles mit dem Wiegemesser klein wiegen.
2. Die Tomaten kreuzförmig einschneiden, mit kochendem Wasser übergießen, abschrecken und häuten. Die Stielansätze herausschneiden und die Tomaten pürieren.
3. In einer Pfanne mit hohem Rand das Olivenöl erhitzen, die Zwiebelwürfel und den Knoblauch darin anschwitzen, das Brühpulver darüberstreuen und die pürierten Tomaten dazugießen.
4. Die Blüten-Kräutermischung einrühren und etwas köcheln lassen. Den Schmand zufügen, die Sauce mit Salz und Pfeffer abschmecken und mit Zitronenzucker abrunden.
5. Die Bandnudeln im sprudelnden Salzwasser bissfest garen.
6. Das Ei auf einem flachen Teller verschlagen und den Parmesan mit den Nüssen vermischen. Die Margeritenknospen mit Mehl bestäuben, im Ei wenden und mit der Parmesan-Nussmischung vermischen.
7. Die Butter erhitzen und die Margeritenknospen darin langsam goldbraun rösten.
8. Die Bandnudeln mit der Rotkleesauce anrichten, die Margeritenknospen darüberstreuen und alles mit einigen Blüten und Blättchen dekorieren.

Kartoffelkuchen mit Hackfleisch und Rotkleefüllung

Für 4–6 Portionen

Zutaten:
Fett für die Form | 2 mittelgroße Kartoffeln (ca. 200 g) | 1 Beutel Kloßteig „Thüringer Art" (750 g) | 1 Eigelb | Salz | 3 EL Öl | 300 g Rinderhack | 400 g Schweinemett | 2–3 Knoblauchzehen, gehackt | 1 TL Kräuter der Provence | Salz | Pfeffer | Paprika | 150 g Rotkleespitzen | je 1 Hand voll Spitzwegerich, Pimpinelle und Gundelrebe | 2 Hände voll Labkrautspitzen | 2 Bund Lauchzwiebeln (ca. 300 g) | 1 EL Mehl | 250 ml Cremefine | 200 g Schmelzkäse | evtl. etwas Milch | 2 EL Semmelbrösel | 150 g fester Ziegenkäse

1. Den Backofen auf 175 °C vorheizen. Eine große eckige Auflaufform fetten. Die Kartoffeln schälen und ganz fein reiben. Mit dem Kloßteig, dem Eigelb und etwas Salz gründlich verkneten und als Boden in die gefettete Form drücken. Den Rand dabei etwas hochdrücken. Im heißen Ofen 30 Minuten vorbacken.
2. 2 EL Öl in einer großen Pfanne erhitzen. Das Hackfleisch und das Mett darin zusammen krümelig braten, den Knoblauch zufügen und alles mit den Gewürzen abschmecken.
3. Die Kräuter blanchieren, gut ausdrücken und grob zerschneiden. Die Lauchzwiebeln mit Grün in Ringe schneiden und in 1 EL Öl andünsten. Die vorbereiteten Kräuter zufügen, mit Mehl bestäuben und etwas anschwitzen. Die Cremefine und den Schmelzkäse einrühren und ca. 5 Minuten köcheln lassen, dabei evtl. noch etwas Milch angießen. Das Hackfleisch untermischen und nochmals abschmecken.
4. Den vorgebackenen Kartoffelteig mit Semmelbröseln bestreuen, die Kräuter-Hackmasse darauf verteilen und den Ziegenkäse darüberreiben. Bei gleicher Temperatur ca. 35 Minuten fertig backen.

Fruchtsalat mit Rotkleeblüten

Für 4–6 Portionen

Zutaten:
5 Orangen | 2 rotschalige Äpfel | 2 Limetten | 2 Bananen | 200 g rote Weintrauben | 20 g kandierter Ingwer | 3 Passionsfrüchte (Maracuja) | 3 Stiele frische Minze | 1 Hand voll Sauerklee | 80 g Rohrrohzucker | ca. 3 Hände voll ausgesuchter Rotkleeblüten | evtl. Holunderblüten zum Verzieren

1. Die Orangen filetieren. Dazu schneidet man die Schale spiralförmig ab und entfernt die weiße Haut. Nun kann man die Orangensegmente mit einem scharfen Messer zwischen den Trennhäuten herausschneiden. Den austretenden Saft dabei auffangen.
2. Die ungeschälten Äpfel vierteln, das Kerngehäuse entfernen und die Äpfel in feine Spalten schneiden. Die Limetten auspressen und mit einem Teil des Saftes die Apfelspalten marinieren. So verhindert man, dass sie braun werden. Die Banane schälen und in Scheiben schneiden, die Trauben verlesen, den Ingwer in feine Stifte schneiden. Die Passionsfrüchte halbieren und das Mark herauskratzen.
3. Minzeblätter und Sauerklee mit dem Rohrzucker im Mixer zerkleinern. Die Früchte und die Rotkleeblüten auf einer Platte oder in Gläsern anrichten, den restlichen Limettensaft und den Orangensaft mit dem Kräuterzucker mischen und über den Salat träufeln.

Tipp: Besonders duftig wirkt dieser exotisch anmutende Salat, wenn man ihn mit Holunderblüten anrichtet.

SCHAFGARBE

ACHILLEA MILLEFOLIUM

Familie:	Korbblütengewächse
Lebensdauer:	mehrjährig
Wuchshöhe:	30–70 Zentimeter
Blütezeit:	Juni bis Oktober
Vorkommen:	auf fetten Wiesen und Halbtrockenrasen, an Wegrändern

Aussehen und Anbau

Die Schafgarbe gehört zu den wenigen Pflanzen, die schon im frühen Wachstumsstadium sehr leicht sicher zu erkennen ist. Kleinen grünen Federn gleich ragen die jungen, doppelt bis vierfach fiederteiligen Blätter bereits im zeitigen Frühjahr aus den noch vom Winter gezeichneten Wiesen. Aus dünnen, waagerechten Rhizomen mit langen ober- und unterirdischen Ausläufern wachsend, bilden sie dichte Polster. Ab Juni entwickeln sich an den filzig überzogenen Stängeln schirmartige Trugdolden mit dicht aneinander stehenden Blütenkörbchen von vier bis neun Millimetern Durchmesser. Aus der Mitte von fünf äußeren Zungenblüten, die meist weiß, manchmal aber auch rosa gefärbt sind, ragen bis zu neun weißliche Röhrenblüten.
Neben den ca. 17 verschiedenen heimischen Wildformen gibt es zahlreiche Züchtungen, deren Farbpalette über Gelb und Orange bis Rosarot und Violett reicht. Wie die Wiesenschafgarbe gedeihen sie in voller Sonne vor allem auf mäßig gedüngtem Lehmboden auch bei längerer Trockenheit sehr gut. Für Pflanzungen auf nährstoffreicheren und feuchteren Böden ist die weiß blühende Muskatgarbe (*Achillea decolorans, Achillea ageratum*) zu empfehlen. Die Sumpfschafgarbe (*Achillea ptarmica*), auch Bertramschafgarbe genannt, eignet sich für die Bepflanzung von Teichrändern. Beide haben hübsche, deutlich größere Blütenkörbchen, schmale, ungeteilte, gesägte Blätter und einen angenehmen Muskatgeruch.

Kulinarisches

Für die Verwendung in der Küche erntet man nur die ganz zarten, jungen Blätter, die mit ihrem komplexen, würzig nussigen Geschmack sehr appetitanregend wirken. Das ist vor allem den reichlich enthaltenen Bitterstoffen zu verdanken. Man würzt mit den Blättchen Salate, Suppen, Saucen und Kräuterbutter und schmückt damit kalte Platten und Buffets. Auch in Bierteig ausgebacken oder zu rohen Bratkartoffeln mit reichlich gemahlenem Kardamom entfalten sie ihren angenehmen Geschmack. Da sie sehr zäh sind, eignen sich die Blüten der Wiesenschafgarbe nicht zum Verzehr. Von angenehmerer Konsistenz sind die Blüten der Sumpfschafgarbe, die mit ihrem leicht scharfen, an Muskat erinnernden Aroma ein interessantes Prickeln auf der Zungenspitze hinterlassen. Die Schafgarbe enthält eine Vielzahl verschiedener Inhaltsstoffe: vor allem ätherische Öle, Gerbstoffe, Bitterstoffe, Kampfer, Flavonoide, Salicylsäure, Triterpene, Alkaloide, Cumarine und Tannine. Entsprechend umfangreich sind die Wirkungen auf unseren Organismus.

Heilkraft

Die Schafgarbe ist eine klassische Heilpflanze, deren enge Verwandtschaft mit der Kamille die ähnlichen Anwendungsgebiete in der Naturheilkunde begründet. Verwendet wird das zur Blütezeit geschnittene und in Bündeln getrocknete Kraut, das als Droge „Herba millefolii" genannt wird, oder Tinkturen aus frisch geernteten Pflanzen. Zubereitungen daraus wirken beispielsweise entzündungshemmend, blutstillend und entkrampfend, sie regen die Verdauung und den Stoffwechsel an und finden ihren Einsatz bei vielerlei Indikationen, darunter Erkrankungen im Magen-Darm-Bereich, Wundheilungsstörungen, Unterleibsbeschwerden, venöse Stauungen und entzündliche Hautirritationen.

Wissenswertes

Kommt empfindliche Haut bei gleichzeitiger oder nachfolgender Sonnenlichteinwirkung mit dem Pflanzensaft der Schafgarbe in Berührung, kann es aufgrund der enthaltenen Furocumarine zu phototoxischen Reaktionen wie Juckreiz, Rötung, Blasenbildung und Ödemen kommen. Die Hautveränderungen heilen innerhalb von ein bis zwei Wochen wieder ab.

Der lateinische Name Achillea geht auf Achilles, den Helden des Trojanischen Krieges zurück, der einer Sage nach vom heilkundigen Zentaur Chiron auf die wundheilenden Kräfte der Pflanze hingewiesen worden sein soll. Der Zusatz „millefolium“ beschreibt die Vielzahl der Blätter. Der Name Schafgarbe rührt vom althochdeutschen „garwe“ her, was „Gesundmacher“ bedeutet, und der Beobachtung, dass kranke Schafe bevorzugt die Blätter dieser Pflanze fressen.

Man verwendete die Früchte der Schafgarbe bis ins 16. Jahrhundert zur Konservierung von Wein, nutzte sie in nördlichen Ländern als Hopfenersatz beim Bierbrauen und zum Färben von Stoffen und Wolle in goldgelben Nuancen.

Um die Schafgarbe ranken sich vielerlei Geschichten und Bräuche: Man sagte ihr nach, dass sie schöne Träume herbeiführt, wenn man zum Einschlafen die Augenlider mit ihren Blättern belegt. Einige Indianerstämme Nordamerikas machten sich vor dem Liebesspiel die aphrodisierenden Eigenschaften des Schafgarbenkrauts zu Nutze. In Schottland trug man es als Talisman gegen böse Geister. In China wurde das getrocknete Kraut für Weissagungen mit dem I Ging, dem Buch der Wandlungen, verwendet, und in ganz Europa versuchte man sich mittels verschiedener Schafgarben-Orakel Klarheit in Liebesdingen zu verschaffen.

Sommerglühwein

Wer kennt nicht das Unbehagen und die Angst vor Erkältungen, wenn einen an Juniabenden anstatt lauer Lüfte die Schafskälte einhüllt oder schon im August herbstliche Temperaturen Sommerfeste zu Zitterpartys werden lassen. Mit warmen Pullovern und diesem Trank gerüstet, lässt es sich ein Stündchen länger draußen aushalten. Die angegebene Menge reicht für einen Liter Glühwein.

Zutaten:
1 l Rotwein | 1 Lorbeerblatt | 1 Gewürznelke | 1 Sternanisfrucht | ½ Zimtstange | Saft und Schale einer unbehandelten Zitrone | ca. 50 ml Orangensaft | Schale einer Orange, frisch oder getrocknet | je 2–3 blühende Zweige von Schafgarbe, Dost und Melisse | 3–4 EL flüssiger Honig

1. Bis auf den Honig alle Zutaten zusammen langsam bis kurz vor dem Siedepunkt erhitzen und abgedeckt 20–30 Minuten ziehen lassen. Dabei immer wieder durchrühren.
2. Die Kräuter herausnehmen und gut ausdrücken, den Glühwein durch ein Sieb gießen und nach Geschmack mit dem Honig süßen.

Tipp: Auch mit frischen Brombeeren oder anderen Beeren der Saison heiß oder kalt genossen, schmeckt der Trank sehr lecker!

Gebratene Lammleber mit Schafgarbensauce und überbackenen Semmelknödeln

Für 4 Portionen

Überbackene Semmelknödel:
1 EL Öl | 60 g Schinkenspeck in kleinen Würfeln | 1 Zwiebel, klein gehackt | 320–350 g altbackene Brötchen (ca. 8 Stück) oder ein großes Baguette | ca. 450 ml Milch | 1 EL Butter | 100 g Brennnesselspitzen | 20 g gemischte andere Wildkräuter je nach Saison | 4 Eier | Salz | Pfeffer | Chilipulver | Knoblauchpulver | 2–3 EL Oliven- oder Rapsöl | 50 g frisch gehobelter Parmesan

1. Das Öl erhitzen und den Speck darin knusprig ausbraten, die Zwiebel zufügen und bei schwacher Hitze glasig dünsten.
2. Die Brötchen klein würfeln und in eine Schüssel geben. Die Milch mit der Butter erhitzen, über die Brötchenwürfel gießen und mit der Speck-Zwiebel-Masse verrühren. Die Brennnesseln und die anderen Kräuter klein wiegen, mit den Eiern verschlagen und unter die abgekühlte Teigmasse rühren. Mit Salz, Pfeffer, Chili- und Knoblauchpulver würzen und anschließend mit angefeuchteten Händen Knödel formen.
3. In einem großen Topf reichlich Salzwasser zum Kochen bringen, die Knödel hineinlegen, kurz aufkochen und anschließend ohne Deckel bei geringer Wärmezufuhr in etwa 20 Minuten gar ziehen lassen. Mit einer Schaumkelle herausnehmen, abtropfen und abkühlen lassen.
4. Die Knödel in Scheiben schneiden, im heißen Olivenöl von beiden Seiten braten und anschließend mit Parmesankäse überbacken.

Gebratene Lammleber mit Schafgarbensauce:
2 EL Butter | 8 Streifen Lammleber, ersatzweise Rinder- oder Putenleber, ca. 600 g | Salz | Pfeffer | 2 Zwiebeln, klein gewürfelt | 1 TL Mehl | 1 Flasche Cremefine (250 ml) oder Sahne | 3 Hände voll junge Schafgarbenblätter, fein gewiegt

1. Die Butter erhitzen und die Leber bei nicht zu großer Hitze langsam darin braten, dabei hin und wieder wenden. Mit Salz und Pfeffer würzen. Wenn sie rundherum schön braun ist und beim Hineinstechen kein Blut mehr austritt, nimmt man die Leber heraus und stellt sie warm.
2. Die Zwiebelwürfel im Bratensatz anbraten, mit Mehl bestäuben und die Cremefine unterrühren. Die Sauce etwas einköcheln lassen und die Schafgarbe untermischen. Nochmals abschmecken und gegebenenfalls nachwürzen.
3. Die gebratene Leber zusammen mit der Schafgarbensauce und den überbackenen Semmelknödeln anrichten.

Kartoffelsuppe mit Schafgarbe und Bratwurstklößchen

Für 4 Portionen

Zutaten:
1 Zwiebel | 2 Knoblauchzehen | 800–1000 g Kartoffeln | 2 EL Olivenöl | 1 l heiße Gemüsebrühe oder kräftiges Spargelkochwasser | 1 großes Bund junge Schafgarbenblätter (ca. 75 g) | 1 Hand voll Schafgarbenknospen | 4 ungebrühte Thüringer Bratwürste, ersatzweise 400 g kräftig gewürztes Mett | Saft von einer halben Zitrone | je ca. ½ TL gemahlene Muskatnuss, Kurkuma und Koriander | 100 g Schmand | 1 Eigelb | 200 g extrafeine Erbsen, tiefgekühlt | Salz | Pfeffer | einige Blättchen, Knospen und Blüten von der Schafgarbe zur Garnitur

1. Die Zwiebel und den Knoblauch klein hacken, die Kartoffeln schälen und in kleine Würfel schneiden. 1 EL Olivenöl erhitzen, die Zwiebeln und den Knoblauch darin glasig anschwitzen und auch die Kartoffelstückchen kurz mitdünsten.
2. Die Brühe angießen, aufkochen und in etwa 15 Minuten bei mittlerer Hitze die Kartoffeln weich werden lassen.
3. Inzwischen die Schafgarbenblättchen von den Stielen streifen und mit den Knospen klein wiegen. Die Bratwürste ausdrücken, das Mett zu kleinen Klößen formen und im restlichen Olivenöl rundherum goldbraun braten.
4. Die Schafgarbe mit den Kartoffeln noch weitere 5 Minuten lang kochen lassen und anschließend alles pürieren. Die Suppe mit dem Zitronensaft und den Gewürzen abschmecken. Die Hitze zurückdrehen, denn ab jetzt darf die Suppe nicht mehr kochen. Den Schmand mit dem Eigelb verquirlen und unter die Suppe rühren, die Erbsen einstreuen und mit Salz und Pfeffer abschmecken.
5. Die Suppe mit den Hackklößchen anrichten und mit einigen Blättchen und Knospen garnieren.

Scharbockskraut

RANUNCULUS FICARIA

Familie:	Hahnenfußgewächse
Lebensdauer:	mehrjährig
Wuchshöhe:	5–25 Zentimeter
Blütezeit:	März bis Mai
Vorkommen:	in Wäldern, Auen, Parkanlagen und Gärten, unter Gebüschen

Aussehen und Anbau

Die gestielten Blätter des Scharbockskrauts sind rundlich-herzförmig, am Rand leicht gesägt oder gekerbt, saftig und fleischig glänzend. Die gelben Blüten mit sechs bis zwölf Kelchblättern haben einen Durchmesser von zwei bis drei Zentimetern und stehenden einzeln und endständig. An den untersten Blattachseln bilden sich häufig weiße Brutknöllchen, die reif abfallen und sich zu neuen Pflänzchen entwickeln. Auch die Wurzel hat viele fleischige Knöllchen, die an Feigwarzen erinnern.

In großen, naturnahen Gärten mit feuchtem, nährstoffreichem Boden erfreut das Scharbockskraut bereits im Vorfrühling mit seinen grünen Blätterteppichen, die sich in günstigen Lagen schon im März mit leuchtend gelben Blütensternen schmücken. Im Sommer zieht es seine Blätter wieder ein und macht anderen Pflanzen Platz.

Im Gartenhandel findet man auch Züchtungen wie z.B. *R. ficaria „Albus“*, eine weiß blühende Art des Scharbockskrauts, *R. ficaria „Flore Pleno“* mit leuchtend gelben, pomponartig gefüllten Blüten und *R. ficaria „Aurantiaca“* mit tellerförmigen, orangegelben Blüten.

Kulinarisches

Die jungen Blätter schmecken leicht scharf, mild aromatisch und frisch. Sie können ab Anfang Februar büschelweise geerntet werden und werden für Salate, Suppen, Saucen, in Quarkzubereitungen und für Risotto verwendet. Die feine Schärfe harmoniert hervorragend mit Zitrusfrüchten. Im Kühlschrank oder Keller halten sich die Blättchen in einer Schüssel, die mit einem feuchten Tuch abgedeckt ist, fast eine Woche lang frisch. Scharbockskraut enthält sehr viel Vitamin C, Glykoside (Protoanemonin), Saponin und ätherisches Öl. Das giftige Protoanemonin in den Blättern bildet sich erst mit der Entwicklung der Blüten in höherer Konzentration aus. Deshalb sollte man die Pflanze nur in Maßen und vor allem nur bis zum Beginn der Blüte verzehren. Ganz junge Blätter gelten als völlig ungiftig.

Heilkraft

Zur Blutreinigung oder bei Hautproblemen trinkt man über den Tag verteilt einen Tee aus zwei bis drei Teelöffeln getrocknetem Scharbockskraut, das mit einem Viertelliter kaltem Wasser zum Sieden gebracht wird. (Nach dem Trocknen sind die Blätter ungiftig).

Bei Hämorrhoiden kann man aus einer größeren Menge dieses Tees ein Sitzbad zubereiten und dieses 15 Minuten anwenden.

Bei Vitamin C-Mangelerscheinungen isst man frisches Scharbockskraut oder man mischt den frisch gepressten Saft mit Milch und nimmt ihn löffelweise ein.

Wissenswertes

Die Blüten des Scharbockskrautes bleiben bei feuchtem und trübem Wetter geschlossen.

Ameisen schätzen die Samen von *Ranunculus ficaria* sehr und sorgen so für deren Verbreitung.

Die Brutknöllchen, die nach einem Regenguss oft massenweise am Boden liegen, wurden früher zu Mehl vermahlen, um daraus Brot zu backen. Das führte auch zur Entstehung von Sagen über Getreideregen.

Seefahrer nahmen getrocknete Blätter der Pflanze als vitaminreichen Proviant mit auf längere Seereisen.

Kräuterquark mit Scharbockskraut

Für 4 Portionen

Zutaten:
250 g Magerquark | 250 g Quark (20 Prozent) | 200 g Joghurt (1,8 Prozent) | Saft und geriebene Schale einer halben Bio-Zitrone | 3 Hände voll Vogelmiere | 2 Hände voll Scharbockskraut | 1 Hand voll Gartenkresse | einige Blättchen Gundermann | Salz | Pfeffer

Den Quark und den Joghurt mit dem Zitronensaft und der -schale glatt rühren, die Kräuter fein wiegen und alles gründlich vermengen, eventuell mit Salz und Pfeffer abschmecken.

Tipp: Dieser Kräuterquark schmeckt gut als kleiner Snack auf Maiswaffeln, die sich mit dem Aroma aus der Vogelmiere wunderbar ergänzen, oder als Hauptmahlzeit zu gebackenen Kartoffeln vom Blech.

Kartoffeln vom Blech:
1 kg fest kochende Kartoffeln mittlerer Größe | 4 EL natives Olivenöl | 40 g Butter | 2 EL Kümmel | 3 EL geriebener Parmesan | Salz

1. Den Backofen auf etwa 180–200 °C vorheizen.
2. Die Kartoffeln unter fließendem Wasser gründlich abbürsten und anschließend trockenreiben. 3 EL Öl mit der Butter erwärmen und etwa zwei Drittel davon auf die Schnittflächen der ungeschälten, längs halbierten Kartoffeln streichen.
3. Ein Backblech mit dem restlichen Öl einfetten, die Kartoffeln mit der Schnittfläche nach oben darauflegen und halb mit Kümmel, halb mit Parmesan bestreuen. Die restliche Öl-Butter-Mischung darüberträufeln und die Kartoffeln salzen. Etwa 40 Minuten bei 180–200 °C backen.

Scharbockskrautsauce

Für 4 Portionen

Zutaten:
50 g Scharbockskraut | 50 g Knoblauchsrauke | 1 Zwiebel, fein gehackt | 200 g Schmand | 200 g Joghurt | 1 TL Tomatenmark | 1 EL mittelscharfer Senf | 4 EL Sahnemeerrettich | 1 hart gekochtes Ei, klein geschnitten

1. Das Scharbockskraut waschen und trockenschleudern. Einige schöne Blättchen zur Dekoration beiseite legen, alle anderen fein wiegen. Ebenso mit der Knoblauchsrauke verfahren.
2. Alle übrigen Zutaten zu einer Sauce verquirlen.

Dazu passen gebratene Garnelen und Räucherlachs, wachsweich gekochte, aufgeschnittene Eier und Rieslingkartoffeln:

Rieslingkartoffeln:
750–1000 g kleine, möglichst gleich große, fest kochende Kartoffeln | 4 EL feines Olivenöl | 3 EL Butter | 125 ml Riesling | Salz

1. Die Kartoffeln waschen und schälen. In einer breiten, beschichteten Pfanne das Olivenöl erhitzen und 1 EL Butter darin schmelzen.
2. Die Kartoffeln nebeneinander ins heiße Fett legen und bei mäßiger Hitze rundherum anbraten. Einen weiteren Löffel Butter zugeben und immer wieder wenden.
3. Nach ca. 15 Minuten mit dem Wein ablöschen und kräftig aufkochen. Die Temperatur herunterschalten und die restliche Butter zufügen. Die Kartoffeln salzen und in etwa 25 Minuten bei milder Hitze knusprig braten.

Kräuterkruste mit Scharbockskraut und Bärlauch zu Kurzgebratenem

Für ca. 4 Portionen

Zutaten:
50 g weiche Butter | 25 g Scharbockskraut | 10 Blätter vom ersten Bärlauch | einige Rosmarinnadeln | 1 Zweig Thymian | 1 Knoblauchzehe | 1 Eigelb | abgeriebene Schale und Saft einer halben Zitrone | 1 gehäufter EL geriebener Parmesan | Salz

1. Die Butter schaumig rühren. Die verlesenen Kräuter mit dem Knoblauch fein wiegen und mit dem Eigelb, der Zitronenschale und dem -saft sowie dem Parmesan unter die Butter ziehen. Alles mit Salz abschmecken und zu einer einheitlichen, formbaren Masse verarbeiten.
2. Kurz angebratenes Filet (Fisch, Geflügel, Lamm usw.) damit gleichmäßig belegen und in einer feuerfesten Form bei starker Oberhitze kurz gratinieren. Köstlich!

Käsekuchen mit Scharbockskraut und Zitrusfrüchten

Für eine Springform (28 Zentimeter Durchmesser)

Zutaten:
100 g Butter und etwas Butter zum Fetten der Form | 250 g Haferkekse | 60 g brauner Rohrzucker | 4 Eier | 150 g feiner Zucker | 200 g Crème fraîche | 400 g Doppelrahm-Frischkäse | ausgekratztes Mark einer halben Vanilleschote | abgeriebene Schale von je einer halben Bio-Orange und -Zitrone | je 50 g echtes Zitronat und Orangeat am Stück (Feinkostladen) | 50 g Scharbockskraut | Zitronat, Orangenschale und einige Blättchen Scharbockskraut zur Dekoration

1. Den Backofen auf 200 °C vorheizen, die Springform einfetten.
2. Die Butter, die Kekse und den Rohrzucker mit einem Mixer zu einer geschmeidigen Masse zerkleinern. Diese Masse in die Springform füllen und gleichmäßig andrücken.
3. Die Eier trennen. Das Eigelb mit dem Zucker schaumig schlagen und die Crème fraîche unterziehen. Wenn sich die Masse verbunden hat, den Frischkäse zufügen und alles mit dem Vanillemark und der Orangen- und Zitronenschale glatt rühren.
4. Das Zitronat, das Orangeat und das Scharbockskraut fein wiegen und unter die Käsemasse rühren. Das Eiweiß ganz steif schlagen und vorsichtig unterheben, damit der Kuchen schön luftig wird. Die Füllung auf den Keksboden gießen.
5. Den Kuchen 20 Minuten bei 200 °C backen, danach die Temperatur auf 150–175 °C herunterdrehen und ca. 40 Minuten weiterbacken.
6. Zum Servieren mit etwas Zitronat, geriebener Orangenschale und Scharbockskrautblättchen garnieren.

N.366

Taubnessel

LAMIUM ALBUM

Familie:	Lippenblütengewächse
Lebensdauer:	mehrjährig
Wuchshöhe:	15–50 Zentimeter
Blütezeit:	April bis Oktober
Vorkommen:	an Weg-, Wald- und Wiesenrändern, unter Gebüschen, auf Ödland

Aussehen und Anbau

Vor der Blüte muss man schon genau hinsehen, um die Taubnesseln von den Brennnesseln zu unterscheiden: Erstere haben jedoch keine Brennhaare. Ab April umrunden dann fünf bis acht weiße Blüten in blattachselständigen Scheinquirlen „etagenweise" den vierkantigen Stängel. Sie sind nur zwei bis zweieinhalb Zentimeter lang, aber bei genauer Betrachtung sehr eindrucksvoll. Die obere Lippe ist behaart und steht wie ein Dach über der unteren Lippe, die ein idealer Landeplatz für Insekten ist. Ein Ring feiner Härchen in der Blütenröhre schützt den süßen Nektar. Die kurzgestielten, spitzeiförmigen Blätter wachsen kreuzgegenständig, sind fein behaart und haben einen gesägten Rand.

Taubnesseln bilden auf stickstoffreichen Lehmböden im Halbschatten durch unterirdische Ausläufer schnell dichte Bestände. Zusammen mit der Roten Taubnessel (*Lamium purpureum*) und der attraktiven Silberblättrigen Goldnessel (*Lamium argentatum*), deren Blätter das ganze Jahr über silbrig gezeichnet sind, machen sie wilde Gartenecken ansehnlich und bieten gleichzeitig eine wichtige Nektarquelle für Bienen und Hummeln.

Kulinarisches

Für den Gebrauch in der Küche erntet man junge Blätter und die Sprossspitzen mit Blüten. Die süß schmeckenden Blüten verwendet man für Desserts, für Tee und als essbare Dekoration. Besonders attraktiv wirkt es, wenn man verschiedenfarbige Blüten kombiniert. Die aromatischen Blätter, deren Geschmack an Champignons erinnert, harmonieren besonders mit Zitrusfrüchten, Pilzen und Käse. Man verwendet sie pur oder in Mischungen als Salat und Gemüse, zu Nudelgerichten oder aromatisiert damit Essig, Öl und Wildkräuterlimonaden. Taubnesseln enthalten Saponine, Schleimstoffe, Gerbstoffe und ätherische Öle, außerdem Cholin, verschiedene Mineralstoffe und Vitamine.

Heilkraft

Iridoid- und andere Glykoside gelten als Hauptwirkstoffe für die vielfältigen Heilwirkungen der Weißen Taubnessel. Tee aus Taubnesselblüten findet vor allem in der Frauenheilkunde Verwendung (ein bis zwei Teelöffel Blüten auf einen Viertelliter Wasser), innerlich als Trinkkur bei Menstruationsbeschwerden, äußerlich als Scheidenspülung. Er hilft aber auch bei Erkrankungen der Atem- und Verdauungswege, bei Nervosität und Unruhezuständen sowie bei Hautunreinheiten.

Wissenswertes

Nach Hildegard von Bingen habe derjenige, der die Taubnessel bei sich trägt, ein reines Herz und lache gerne.

Verräuchert man die Blüten im Haus, so soll dies Energie in die jeweiligen Räume bringen. Mancherorts gehört die Weiße Taubnessel in das Kräuterbüschel zu Mariä Himmelfahrt.

In der Malerei soll sie – wie auch andere weiße Blüten – symbolisch Reinheit und Unschuld vermitteln. Beispiele sind die spätmittelalterlichen Kunstwerke „Paradiesgärtlein" von einem unbekannten Maler (im Frankfurter Städel zu sehen), „Susanna im Bade" von Albrecht Altdorfer und „Elias in der Wüste" von Dieric Bouts.

Taubnesselpesto

Für 2–3 kleine Gläser

Zutaten:
100 g Taubnesselblätter und -blüten | 50 g Walnüsse | 100 g fester Ziegenschnittkäse | 150 ml Omega-3-Öl (Becel) bzw. Raps-, Sonnenblumen- und Leinöl gemischt | Saft und Schale einer großen Limette | 5 g getrocknete Orangenschale oder Abrieb einer kleinen Bio-Orange | Salz | etwas Öl zum „Versiegeln"

1. Taubnesselblätter und -blüten mit einem Wiegemesser fein wiegen.
2. Nüsse und Käsestücke im Mixer zerkleinern, die Taubnesseln dazugeben und mit dem Öl sowie dem Saft und der Schale der Zitrusfrüchte sehr fein pürieren.
3. Mit Salz abschmecken, in kleine Gläser abfüllen und mit Öl „versiegeln". Schmeckt fruchtig, mild und nussig.

Bayrische Creme mit dreierlei Taubnesselblüten

Für 6 Portionen

Creme:
250 ml Milch | Mark einer Vanilleschote | 3 Eigelb | 75 g Zucker | 250 ml Schlagsahne, gekühlt | 2 Beutel Gelatinefix | abgeriebene Schale einer halben Zitrone | je eine große Hand voll rote, gelbe und weiße Taubnesselblüten, geschnitten | 1 EL fein gewiegte Taubnesselblätter

Garnitur:
1 Hand voll getrocknete Aprikosen | 1 Hand voll getrocknete Cranberrys | 4 EL Zitronensaft | 2 Riegel weiße Schokolade | 1 EL fein gewiegte Taubnesselblätter | Taubnesselblüten

1. Die Milch mit dem Vanillemark zum Kochen bringen.
2. Die Eigelbe mit dem Zucker in einem Edelstahltopf cremig rühren. Die heiße Milch unter Rühren dazugießen und die Masse im heißen Wasserbad bei mittlerer Hitze so lange weiterschlagen, bis sie leicht dicklich und weiß geworden ist. Das Wasser und die Masse dürfen nicht miteinander in Berührung kommen und nicht kochen!
3. Die Schlagsahne schlagen. Wenn die Eier-Milch-Masse etwas abgekühlt ist, rührt man zwei Beutel Gelatinefix hinein, und sobald sie anfängt, fester zu werden, hebt man die Sahne und die Zitronenschale unter.
4. Die Creme dritteln und jeweils die roten, gelben und weißen Taubnesselblüten unterrühren, zu den weißen Blüten zusätzlich die gewiegten Blätter.
5. Sechs Espressotassen kalt ausspülen, die Creme einfüllen und etwa 3 Stunden im Kühlschrank fest werden lassen.
6. Die Aprikosen und die Cranberrys klein schneiden und mit je zwei Löffeln Zitronensaft marinieren. Die Schokolade raspeln.
7. Mit einem spitzen Messer die Creme vorsichtig vom Rand lösen und auf kleine Teller stürzen. Die Creme je nachdem mit roten Blüten und marinierten Cranberrys, mit gelben Blüten und Aprikosen bzw. mit weißen Blüten, Taubnesselblättern und Raspelschokolade anrichten.

Frühlingswaffeln mit Taubnesseln

Für 2–4 Portionen

Zutaten:
6 Eigelb | 200 ml Milch | 100 g Mehl | 70 g weiche Butter | 3 Hände voll Taubnesseln, fein gewiegt | Salz | Muskatnuss | Pfeffer aus der Mühle | 3 Eiweiß | Fett für das Waffeleisen | 250 ml Schlagsahne | etwas abgeriebene Zitronenschale (½ g reicht aus)

1. Die Eigelbe mit der Milch schaumig schlagen. Nach und nach erst das Mehl, dann die Butter und die Taubnesseln unterrühren. Mit den Gewürzen abschmecken.
2. Die Eiweiße steif schlagen und vorsichtig unterheben. Das Waffeleisen erhitzen, einfetten und portionsweise goldbraune Waffeln ausbacken.
3. Die Schlagsahne mit der Zitronenschale steif schlagen und zu den Waffeln servieren.

Gefüllte Champignons mit Taubnesseln und Gorgonzola

Für 4–6 Portionen

Zutaten:
12 Riesenchampignons | 2 Zwiebeln | 1 Knoblauchzehe | 1 Liter-Maß voll Taubnesselspitzen | 250 g Gorgonzola | etwas Zitronensaft | Salz | Pfeffer | etwas Öl für die Form

1. Die Champignons mit Küchenkrepp abreiben und die Stiele herausdrehen.
2. Die Champignonstiele und die Zwiebeln würfeln, den Knoblauch sehr klein schneiden, die Taubnesselspitzen fein wiegen.
3. Den Gorgonzola in einer flachen Schüssel mit der Gabel zerdrücken, Champignonstiele, Zwiebeln, Knoblauch und Taubnesseln untermischen, alles gut durchkneten und mit wenig Zitronensaft, Salz und Pfeffer abschmecken.
4. Eine feuerfeste Form, am besten einen antihaftbeschichteten Bräter, mit Öl auspinseln. Die Käsemasse in die ausgehölten Champignonköpfe drücken und diese nebeneinander in den Bräter setzen.
5. Im vorgeheizten Backofen bei ca. 170 °C ohne Deckel etwa 20 Minuten garen. Der Käse sollte etwas zerlaufen und leicht braun werden.

Tipp: Diese Champignons schmecken als Hauptmahlzeit zu Kartoffelbrei oder Reis und Kurzgebratenem, sie lassen sich aber auch in Folie gepackt als Beilage zu Gegrilltem auf dem Rost braten.

b
d
e
c

VEILCHEN

VIOLA ODORATA

Familie:	Veilchengewächse
Lebensdauer:	mehrjährig
Wuchshöhe:	3–10 Zentimeter
Blütezeit:	März bis April
Vorkommen:	an lichten Waldrändern, unter Hecken, auf Rasen

Aussehen und Anbau

Das Märzveilchen hat gestielte, rundlich-herzförmige Blätter mit gekerbtem Rand, die aus einer Rosette wachsen. Seine kleinen, dunkelvioletten Blüten mit einem Durchmesser von nur ein bis zwei Zentimetern verströmen einen zarten Duft. Sie sind zweiseitig symmetrisch und haben einen fünf bis sieben Millimeter langen Nektarsporn.

Märzveilchen gedeihen mühelos im Halbschatten auf nährstoffhaltigem Lehmboden und leuchten uns schon im zeitigen Frühjahr mit ihren zarten Blüten entgegen. Die Natur überrascht auch mit weiß und rötlich blühenden Varianten; ausgewählte Händler führen an die 50 verschiedene Duftveilchen-Sorten im Angebot. Alle vermehren sich über lange Ausläufer mit Tochterrosetten und die Verschleppung der Samenkapseln durch Ameisen. Pflanzen, die aus Samen gezogen werden, wachsen kräftiger und sind widerstandsfähiger. Ausreichende Luftfeuchtigkeit verhindert den Befall mit Spinnmilben.

Kulinarisches

Wegen ihres aromatisch süßen Geschmacks dienen die Blüten des Märzveilchens zur Verfeinerung von Süßspeisen und Desserts, Salaten und Getränken. Auch Essig und feinen Ölen geben sie eine aparte, blumige Note. Man sammelt die Blüten am besten, wenn sie im Schatten stehen. Sie können roh, kandiert, in Eiswürfeln gefroren oder als Sirup verwendet werden. Die jungen Blätter haben keinen intensiven Eigengeschmack und finden in Salaten, Suppen und Wildgemüsegerichten Verwendung. Verwechslungen mit dem heller bläulich blühenden, nicht duftenden Hundsveilchen (*Viola canina*) sind ungefährlich. Diesem fehlt aber das feine Aroma des Märzveilchens.

In den Blüten findet man u.a. ätherische Öle, den Farbstoff Cyamin und Salizylsäureverbindungen, im Kraut Saponine, Bitterstoffe und Schleimstoffe, in der Wurzel das Alkaloid Odoratin.

Heilkraft

In der Volksheilkunde wird der Tee aus dem ganzen Kraut besonders bei Erkrankungen der Atemwege (Halsentzündung, Bronchitis mit fest sitzendem Schleim), bei nervöser Überreizung mit Schlafstörungen und bei Hautunreinheiten empfohlen. Für einen Tee überbrüht man ein bis zwei Teelöffel Veilchenkraut mit einem Viertelliter siedendem Wasser und seiht diesen nach 10 Minuten ab. Bei Husten trinkt man den Tee mit Honig gesüßt; zum Gurgeln und für Hautwaschungen wird er pur verwendet.

Wissenswertes

Seit der Antike wird das Veilchen als Glücksbringer verehrt und von Dichtern wie kaum eine andere Blume besungen. Sogar Kaiser und Könige versanken in romantischer Schwärmerei über die kleine Pflanze mit ihren großartigen Wirkungen. Sie wurde Göttern geweiht, und ihre Attribute schmücken Aphrodite und Maria gleichermaßen. Das Veilchen steht für Jungfräulichkeit und Anstand, Bescheidenheit und Demut, Paradies und Hoffnung, für Treue und Liebe. Sein betörender Duft wird auch in der Parfümindustrie genutzt. Da man für 3 Liter Veilchenöl etwa 100 Kilogramm Veilchenblüten benötigt, wird Veilchenduft ersatzweise auch aus der intensiv duftenden Wurzel der florentinischen Schwertlilie (*Iris germanica var. florentina oder I. pallida*) gewonnen. Veilchengewächse gibt es weltweit in über 800 Arten. Die bekanntesten Verwandten sind die Stiefmütterchen. Bei großer Kälte färben sich die violetten Veilchen graublau, rosafarbene Blüten werden blau.

Für alle Rezepte gilt: Füllt man ein Gefäß mit einem Liter Inhalt locker mit Veilchenblüten, dann entspricht diese Menge 50 g.

Veilchenlikör

Für einen Liter

Zutaten:
100 g Veilchenblüten ohne Stiele | 100 g Rohrrohzucker | 1 l Wodka oder Doppelkorn (40 Prozent)

1. Die Blüten zusammen mit dem Zucker und dem Wodka in ein gut verschließbares Gefäß füllen und 4–5 Wochen durchziehen lassen. Zwischendurch regelmäßig gut schütteln. Mit der Zeit nimmt der Likör eine interessante lila Farbe an.
2. Die Blüten durch ein feines Sieb auffangen und dabei gut ausdrücken. Den Likör in kleine Flaschen abfüllen und nochmals einige Wochen reifen lassen.

Veilchenöl

Für 300 Milliliter

Zutaten:
25 g Veilchenblüten | 300 ml geschmacksneutrales Öl (Sonnenblumen- oder Färberdistelöl)

Die Veilchenblüten in ein Schraubglas füllen und mit dem Öl übergießen. Eine Woche ziehen lassen und dann in kleine Flaschen abfiltern.

Veilchenkranz

Für eine Kranzform (28 Zentimeter Durchmesser)

Veilchencreme:
1 Ei | 2 Eidotter | 90 g Puderzucker | 2 EL Veilchenlikör oder -sirup | 350 ml Schlagsahne | 1 Pk. (2 Tüten) Gelatinefix | 3 Hände voll ausgezupfte Veilchenblütenblätter (entsprechen insgesamt ca. 50 g)

Teig:
125 g weiche Butter | 175 g Zucker | ausgekratztes Mark einer halben Vanilleschote | abgeriebene Schale einer halben Bio-Zitrone | 4 Eier | 200 g Weizenmehl | 50 g Speisestärke | 2 ½ gestrichene TL Backpulver

Außerdem:
Butter zum Fetten der Form | Veilchenblüten zum Verzieren | Puderzucker zum Bestäuben

1. Das Ei, die Eidotter und den Puderzucker über einem heißen Wasserbad ca. 2 Minuten cremig schlagen. Anschließend den Veilchenlikör oder -sirup untermischen. Die Schlagsahne kurz aufschlagen, unter ständigem Rühren Gelatinefix einstreuen und weiterschlagen, bis die Sahne steif ist. Die Eier-Zucker-Mischung und die Veilchenblütenblätter vorsichtig unterheben und die Creme kalt stellen.
2. Die Butter mit dem Handrührgerät auf höchster Stufe geschmeidig schlagen und nach und nach Zucker und Gewürze unterrühren, bis eine homogene Masse entstanden ist. Die Eier einzeln (jedes Ei etwa eine halbe Minute) unterschlagen. Das Mehl mit der Stärke und dem Backpulver mischen und löffelweise auf mittlerer Stufe unterrühren.
3. Den Teig in eine gefettete Kranzform füllen und bei mittlerer Hitze (ca. 180 °C) 35–45 Minuten backen.
4. Den abgekühlten Kranz durchschneiden und die untere Hälfte mit der Creme bestreichen, danach wieder zusammensetzen und rundherum mit der Creme bestreichen. Einige Zeit kühl stellen.
5. Vor dem Servieren mit Veilchenblüten verzieren und etwas Puderzucker darüberstäuben.

Tipp: Die Creme für diesen herrlichen Kuchen lässt sich anstatt mit frischen Veilchen auch mit Veilchensirup herstellen. Zum Verzieren nimmt man dann kandierte Veilchen.

Veilchensirup

Für 4–6 kleine Gläschen

Zutaten:
insgesamt 6 Hände voll Veilchenblüten | 500 ml Wasser | 500 g Zucker oder Gelierzucker, am besten aus Rohzucker

1. Drei Hände voll Veilchenblüten in einem Glasgefäß mit dem Wasser übergießen und den Zucker unterrühren. Abgedeckt 2 Tage in die Sonne stellen und hin und wieder umrühren.
2. Durch ein Sieb gießen, die Blüten gut ausdrücken und drei Hände voll neue Veilchenblüten mit dem Zuckerwasser übergießen und dieses wie gehabt aromatisieren.
3. Das Veilchenwasser zum Sieden bringen und eine Stunde köcheln lassen, bis die Flüssigkeit deutlich eingedickt ist, und in kleine Schraubgläschen abfüllen.

Tipp: Dieser Sirup, der auch hustenlindernd wirkt, verleiht Süßspeisen, Tee und Softdrinks ein feines Aroma.

Wildkräutersalat mit Veilchen

Für 4–6 Portionen

Marinade:
2 EL Olivenöl | 2 EL Rapsöl | 1 EL Veilchenlikör oder -sirup | 1 EL Honig | 1 EL Sherryessig | Muskat | Pfeffer | zerstoßene Körner einer grünen Kardamomkapsel

Salat:
200 g Serranoschinken und/oder Kasslerlachs in dünnen Scheiben | je eine Hand voll junger Blättchen gemischter Wildkräuter wie Scharbockskraut, Wiesenlabkraut, Pimpinelle, Schafgarbe | etwas Rucola | 1 Hand voll Veilchenblätter | 2 Hände voll Veilchenblüten

1. Die Zutaten für die Marinade nacheinander gut miteinander verrühren oder in einem Schraubglas kräftig schütteln.
2. Den Schinken ca. eine Stunde darin marinieren, abtropfen lassen und zusammenrollen, die Marinade auffangen.
3. Auf einem großen Teller ein Bett aus den Kräutern bereiten und mit der Marinade beträufeln. Darauf arrangiert man die Schinkenröllchen und streut dann die Veilchenblüten darüber.

WALDMEISTER

GALIUM ODORATUM

Familie:	Rötegewächse
Lebensdauer:	mehrjährig
Wuchshöhe:	10–25 Zentimeter
Blütezeit:	Mitte April bis Mai
Vorkommen:	in Laub- und Mischwäldern

Aussehen und Anbau

Aus dem filigranen Kraut, das im lichten Schatten des Frühlingswaldes wächst, recken sich lockere, doldige Rispen mit winzigen weißen Blütensternen von nur vier bis sechs Millimetern Durchmesser empor. Sechs bis neun ganzrandige Blätter sitzen in mehreren Etagen quirlständig um die vierkantigen Stängel des Waldmeisters. Sie sind zwei bis vier Zentimeter lang, schmal lanzettlich und einnervig. Die kleinen, eiförmigen Früchte zerfallen in zwei einsamige Teilfrüchte. Mit ihren hakigen Borsten klammern sie sich an Fell, Gefieder oder auch Kleidungsstücken fest und können so weiter ausgebreitet werden. Kurze Ausläufer sichern ebenfalls die Vermehrung.

Auch für den Anbau im Garten ist Waldmeister geeignet. Auf leicht feuchtem, kalkhaltigem Lehmboden breitet er sich im Halbschatten unter Bäumen und Sträuchern bodendeckend aus und bildet einen begehbaren grünen Teppich, der besonders stark duftet, wenn Regen bevorsteht. Im zeitigen Frühjahr oder im Herbst lassen sich die Stauden gut teilen.

Kulinarisches

Für den Gebrauch in der Küche wird der Waldmeister kurz vor der Blütezeit gesammelt und angetrocknet oder gefrostet. So wird das typische Aroma, welches durch den Inhaltsstoff Cumarin verursacht wird, verstärkt. Weiterhin enthaltene Stoffe sind Iridoidglykoside, Gerb- und Bitterstoffe sowie Mineralsalze.

Frisch geerntet lässt sich Waldmeister gut einfrieren, am besten locker in Schalen gefüllt. Er kann später wie das frische Kraut verwendet werden. Zu Sträußen gebündelt oder in Töpfen wird Waldmeister im Mai auch auf Märkten angeboten. In der Küche verwendet man ihn als Aromastoff für Schlagsahne, Eis und Dessertsaucen, für Waldmeisterbowle und -sirup, zur Likörherstellung und als essbare Dekoration.

Heilkraft

In der Volksheilkunde wird Waldmeister in Teezubereitungen mit anderen Kräutern zur Behandlung nervöser Unruhezustände und bei Schlaflosigkeit verabreicht. Er soll bei Durchblutungsstörungen helfen sowie krampflösend, verdauungsfördernd, leberstärkend und blutreinigend wirken. In leichter Dosierung wirkt er beschwingend und vertreibt Kopfschmerzen, konsumiert man dagegen sehr große Mengen, passiert allerdings das Gegenteil. Für Heilzwecke sammelt man Waldmeister während und kurz nach der Blüte. In der Apotheke ist Waldmeisterkraut unter dem Namen „Herba Asperulae" erhältlich. Hochwirksame Substanzen, die zur Hemmung der Blutgerinnung eingesetzt werden, sind vom Cumarin abgeleitet (4-Hydroxycumarinderivate). Das Cumarin selbst besitzt aber nur unwesentlichen Einfluss auf die Blutgerinnung. In größeren Mengen wirkt es gesundheitsschädlich.

Wissenswertes

Getrockneten Waldmeister kann man in Duftkissen zusammen mit Lavendel und Salbei oder Steinklee als Mottenschutz verwenden. Als wohlriechende Einschlafhilfe füllt man getrocknetes Waldmeisterkraut zusammen mit Melisse, Hopfen und anderen beruhigend wirkenden Kräutern in kleine Kopfkissen. Besonders in der nordischen Mythologie wurden dem Waldmeister magische Kräfte zugeschrieben. Er sollte Frauen die Entbindung erleichtern, Schnittwunden heilen und, mit anderen Kräutern gemischt und in Bündeln aufgehängt, Hexen und Dämonen vertreiben.

Mehrere Spannerarten (eine Schmetterlingsfamilie, die zu den Nachtfaltern zählt) sind auf den Waldmeister als Raupenfutterpflanze angewiesen, beispielsweise der Dunkelrote Bergwald-Blattspanner (*Catarhoe rubidata*), der Rauchbraune Labkraut-Blattspanner (*Lampropteryx suffumata*) oder der Tuffsteinspanner (*Nebula tophaceata*).

Marinierte Putenfiletspieße mit Waldmeister-Sabayon

Für 4 Portionen

Zutaten:
800 g Putenfilet | 1 Bund Waldmeister | 1 Bio-Zitrone, in Scheiben geschnitten | ½ l trockener Weißwein | 350 g Langkorn-Wildreismischung | 2 EL Öl | Salz | Pfeffer aus der Mühle | 1 EL Mehl zum Bestäuben | 3 junge Zwiebeln | 12 kleine Champignons | 2 EL Öl | 400 ml Geflügelfond | 4 Eigelb

1. Das Putenfilet in mundgerechte Stücke teilen und abwechselnd mit dem Waldmeisterkraut und den Zitronenscheiben in eine Schale schichten. Den Wein angießen; das Fleisch über Nacht im Kühlschrank marinieren.
2. Den Reis im Öl unter Rühren ganz leicht anrösten, mit etwas Wasser ablöschen und salzen. Nach und nach immer wieder Wasser zugießen und aufsaugen lassen, bis der Reis gar ist, anschließend warm stellen.
3. Inzwischen die Filetstücke aus der Marinade nehmen, trockentupfen, mit Salz und Pfeffer würzen und mit Mehl bestäuben. Die Zwiebeln vierteln. Abwechselnd mit den Champignons und den Filetstücken auf Schaschlikspieße reihen, mit Öl bepinseln und im auf 200 °C vorgeheizten Herd 15–20 Minuten grillen. Dabei hin und wieder wenden.
4. Die zurückbehaltene Marinade abseihen, aufkochen und den entstandenen Schaum abheben. (Evtl. durch ein Sieb gießen). Den Geflügelfond angießen und die Flüssigkeit mindestens auf die Hälfte einkochen lassen.
5. Die Eigelbe mit dem etwas abgekühlten Waldmeistersud verquirlen, mit Salz und Pfeffer würzen und im heißen Wasserbad kurz vor dem Siedepunkt 6–7 Minuten schaumig aufschlagen. Das Wasser darf nicht kochen! Die Waldmeister-Sabayon zu den gegrillten Putenspießen und dem Reis servieren.

Frühlingslimonaden-Konzentrat mit Waldmeister

Für ca. 6 Flaschen

Zutaten:
3 l Wasser | 500 g Tropic-Gelierzucker aus Rohrzucker 1:3 | 50 g Zitronensäure | 3 Hände voll Löwenzahnblüten | 10–15 Holunderblütendolden | 3 Hände voll Gänseblümchenblüten | 3 Hände voll Taubnesselblüten | je 10 Stiele Taubnesseln und blühende Gundelrebe | 2 Stiele Zitronenmelisse | 3 Bio-Zitronen, in Scheiben geschnitten | 1 großes Bund Waldmeister

1. Das Wasser zum Kochen bringen, den Zucker einrühren und so lange köcheln lassen, bis sich der Zucker völlig aufgelöst hat. Die Zuckerlösung abkühlen lassen und die Zitronensäure einrühren.
2. Die Blüten und Kräuterstiele in einen ausreichend großen Topf mit Glasdeckel füllen, die Zitronenscheiben auflegen, den Waldmeisterbund kopfüber hineinhängen und alles mit der Zuckerlösung übergießen.
3. Gut abgedeckt 3–5 Tage (den Waldmeister nach einem Tag herausnehmen!) möglichst in die Sonne stellen und immer mal wieder mit einem Holzlöffel umrühren. Wenn die Flüssigkeit anfängt zu moussieren, das heißt, wenn sich beim Rühren leichte Bläschen bilden, ist sie fertig. Dann den Sud durch ein großes Sieb, das mit einem Leintuch ausgelegt wurde, abgießen, in ausgekochte Flaschen füllen und fest verschließen. Kühl lagern.

Tipps: Man kann den leicht prickelnden Sirup wahlweise mit Wasser, Apfelsaft, Wein oder Sekt aufgießen, um das Kräuteraroma zu genießen.
Nicht in jedem Jahr und in jeder Gegend findet man Waldmeister und Holunderblüten zur gleichen Zeit. Man kann auch später reinen Holunderblütensirup ansetzen und diesen dann mit dem Limonaden-Konzentrat mischen.
Auf diese Weise lassen sich den ganzen Sommer über Limonaden-Konzentrate ansetzen. Man wählt dafür geeignete Kräuter und Blüten je nach Vorlieben und Geschmack.

Waldmeister-Erdbeertorte

Für eine Springform (Durchmesser 28 Zentimeter)

Guss:
200 ml fruchtiger Weißwein | Saft einer Zitrone | 80 g Zucker | 2 Bund Waldmeister | 2 Beutel Gelatinefix oder 1 Beutel Tortenguss

Mürbeteig:
150 g Mehl | ½ TL Weinsteinbackpulver | 1 Ei | 30 g Zucker | 4 gehäufte TL Vanillezucker | 1 Msp. Salz | 80 g Butter, gekühlt

Biskuitteig:
40 g Butter | 4 Eier | 80 g Zucker | 2 gehäufte TL Vanillezucker | 1 Prise Salz | Zitronenschale | 65 g Mehl | 45 g Speisestärke

Joghurtmousse:
200 ml Schlagsahne | 600 g Sahnejoghurt (10 Prozent Fettgehalt) | 3 Beutel Gelatinefix | 100 g Puderzucker

Waldmeistercreme:
130 ml Schlagsahne | 3 Eiweiß | 10 g frische Waldmeisterblättchen | 2 Beutel Gelatinefix | 50 ml Akazienhonig

Außerdem:
Fett für die Form | 60 ml Erdbeerlikör, ersatzweise eine Hand voll Erdbeeren pürieren und etwas Wodka und Zucker untermischen | 500 g Erdbeeren, davon etwa 12 kleine zur Dekoration | 60 ml Waldmeisterlikör, ersatzweise Waldmeistersirup mit etwas Wodka mischen | 10 frische Waldmeisterblätter (ganze Quirle, vorsichtig vom Stiel gestreift) | evtl. 2 EL Erdbeermarmelade

1. Für den Guss den Wein mit dem Zitronensaft und dem Zucker mischen, den Waldmeister mit den Köpfen nach unten hineinhängen und möglichst in der Sonne einen Tag ziehen lassen, danach abseihen.
2. Für den Mürbeteig das Mehl mit dem Backpulver auf einem Brett mischen, eine Mulde eindrücken und darin das Ei mit dem Zucker, dem Vanillezucker und dem Salz mithilfe einer Gabel zu einem dicken Brei verrühren. Das Mehl vom Rand her untermischen, die Butter in Flocken darüber verteilen und alles mit einer Teigkarte zu einem glatten Teig verarbeiten. In Klarsichtfolie wickeln und eine halbe Stunde im Kühlschrank kühlen.
3. Für den Biskuitteig die Butter in einem Topf schmelzen, kurz aufkochen lassen und vom Herd nehmen. Die Eier mit dem Zucker, dem Vanillezucker und dem Salz im warmen Wasserbad cremig aufschlagen, vom Wasserbad nehmen und 6–8 Minuten weiterschlagen. Dann die Zitronenschale, das Mehl, die Stärke und zum Schluss die flüssige Butter unterheben.
4. Den Mürbeteig auf dem Boden einer gefetteten Springform ausrollen, dabei den Teig mit der Folie bedecken, dann klebt er nicht am Nudelholz. Mehrmals mit einer Gabel einstechen und im vorgeheizten Backofen bei 180 °C 5 Minuten vorbacken. Dann den Biskuitteig einfüllen, 2 Minuten bei 180 °C weiterbacken, auf 165 °C herunter regulieren und 20 Minuten fertig backen. Vorsichtig den Rand der Springform lösen und den Tortenboden gut auskühlen lassen.
5. Für die Joghurtmousse die Sahne schlagen und unter den Joghurt heben, das Gelatinefix unterrühren und zuletzt den Puderzucker untermischen.
6. Für die Waldmeistercreme die Sahne fast steif schlagen und die zu festem Schnee geschlagenen Eiweiße unterheben. Die fein gewiegten Waldmeisterblättchen zufügen, das Gelatinefix einrühren und die Creme zum Schluss mit dem Honig süßen.
7. Kurz vor Fertigstellung der Torte den Waldmeistersud für den Guss mit Gelatinefix oder dem Tortenguss anrühren und etwas anziehen lassen.
8. Den Tortenboden in zwei gleich dicke Scheiben teilen. Die untere mit dem Erdbeerlikör tränken, die Erdbeeren gleichmäßig darauf verteilen und einen Tortenring umlegen. Nun die Joghurtmousse einfüllen und die zweite Tortenbodenhälfte auflegen. Etwa 2 Stunden im Kühlschrank fest werden lassen.
9. Die obere Tortenbodenhälfte mit dem Waldmeisterlikör tränken. Den Tortenring abnehmen und die ganze Torte einschließlich dem Rand mit der Waldmeistercreme bestreichen. Nochmals für eine Stunde kalt stellen.
10. Nun die Waldmeisterblätter auf der Torte verteilen. Den Guss von der Mitte her gleichmäßig über die Torte streichen und mit den zurückbehaltenen Erdbeeren verzieren.

Tipp: Durch das Zusammenbacken der beiden Teige bekommt die Torte eine gute Stabilität und lässt sich dadurch auch gut umsetzen. Natürlich kann man den Mürbeteig auch extra backen (dann 10–12 Minuten bei 180 °C). Beim Aufbau der Torte bestreicht man ihn dann zusätzlich mit Erdbeermarmelade.

WALDSAUERKLEE

OXALIS ACETOSELLA

Familie: Sauerkleegewächse
Lebensdauer: mehrjährig
Wuchshöhe: 5–15 Zentimeter
Blütezeit: April bis Mai
Vorkommen: in dichten Laub-, Misch- und Nadelwäldern

Aussehen und Anbau

Besonders im Frühling erscheint der Waldsauerklee märchenhaft schön. Dann leuchten die langstieligen, kleeförmigen Blätter in besonders frischem Grün. Selbst im tiefsten Wald, wo andere Pflanzen nicht mehr genug Licht zum Wachsen finden, bedeckt er größere Flächen des feuchten, humosen Bodens. Er wächst aus einer langen, verzweigten Pfahlwurzel mit flachem, ausgedehntem Rhizom bis zu 15 Zentimeter hoch. Die relativ großen, äußerst ästhetischen weißen Blüten sind langstielig, von violetten Adern durchzogen und am Grund gelb gefleckt. In der Abenddämmerung schließen sich die fünfzähligen Blüten und senken die Köpfe nickend herab. Da sich nur wenige Bienen und Hummeln in so dunkle Gegenden verirren, werden im Sommer und Herbst zusätzlich winzige kurzstielige Blüten gebildet, die geschlossen bleiben und sich selbst bestäuben. Diese bilden mehr Samen aus als die Frühlingsblüten. Aus den reifen Samenkapseln werden die Samen mit enorm großem Druck bis zu 2,5 Meter weit herausgeschleudert.
Sauerklee fühlt sich nur im tiefen, feuchten Schatten wohl. Wer im Naturgarten über solche Bereiche verfügt, kann versuchen, einige Pflänzchen dort anzusiedeln.

Kulinarisches

Der Sauerklee erfreut den Gaumen mit einer besonders edlen und feinen Säure. Man verwendet die Blätter für Salate, Suppen und Saucen und als interessante Würze von Süßspeisen und Kuchen. Auch Quark und Frischkäse verleiht er zusammen mit anderen Kräutern eine feine Note. Sauerklee ist reich an Vitamin C und Beta Carotin. Die ebenfalls enthaltene Oxalsäure und ihre Salze wirken in größeren Mengen ätzend auf die Schleimhäute im Magen und Darm, weshalb man ihn nicht im Übermaß verwenden sollte. Außerdem bindet sie Kalzium, das sich in Form von unlöslichen Oxalatkristallen in den Harnwegen festsetzen kann. Menschen mit Veranlagung zu Nierensteinen sollten deshalb auf oxalsäurehaltige Nahrungsmittel, zu denen auch Sauerampfer, Rhabarber, Spinat und Mangold gehören, besser verzichten.

Heilkraft

Die Anthroposophische Medizin verwendet den Sauerklee zur Harmonisierung des Stoffwechsels und zur Entkrampfung, beispielsweise bei Gallenkoliken und Magen-Darm-Krämpfen, zur Anregung der Lebertätigkeit und bei Neigung zur Steinbildung. In der Volksheilkunde wurde der Sauerklee früher als Ätzmittel bei Hauterkrankungen, als Brechmittel und als Gegenmittel bei Arsen- und Quecksilbervergiftungen eingesetzt.

Wissenswertes

Das Kleeblatt wird in Irland am 17. März, dem Tag des Schutzpatrons des Landes, St. Patrick, am Hut getragen und findet sich auch als Emblem im Wappen des Landes wieder. Der britische Priester Sucat, der später St. Patrick genannt wurde, hatte den Iren den schwer verständlichen Begriff der Dreifaltigkeit anhand der Blattform des Sauerklees sehr eindrücklich erklärt.
In England war der zarte Sauerklee im Mittelalter als Zutat zu den Frühlingsspeisen so beliebt, dass er im 15. Jahrhundert sogar in Kultur genommen wurde. Diese

Sitte geriet wieder in Vergessenheit, als dort der aus Frankreich kommende Sauerampfer bekannt wurde. Bevor man ein Verfahren zur synthetischen Herstellung von Oxalsäure gefunden hatte, wurde diese aus Sauerklee gewonnen. Die Industrie zur Herstellung von Oxalsäure war hauptsächlich im Schwarzwald angesiedelt, wo man ungefähr 75 Kilogramm Sauerklee sammeln musste, um daraus 500 Gramm Säure zu gewinnen. Sie wurde zur Entfernung von Rost- und Tintenflecken aus Leinzeug, zum Bleichen von Stroh und Stearin und zum Putzen von Messing und Kupfer verwendet.
Die Blätter des Sauerklees verfügen über einen Mechanismus, mit dem sich die Blätter bei Erschütterungen, zu viel Licht oder Kälte und bei Dunkelheit wie Regenschirme zusammenfalten lassen: Am Übergang der Blätter zum Stiel sitzen Gelenke, die auf veränderten Zelldruck reagieren. Die Steuerung erfolgt über chemische Signalstoffe. Der Impuls dazu geht von linsenförmigen Zellen auf der Oberseite der Blätter aus.

Muffins mit Mango-Fruchtmus und Sauerklee

Besonders gute Mangos kommen aus Indien, sie sind goldgelb, kleiner und süßer als herkömmliche Mangos und nicht so faserig. Das pürierte Fruchtfleisch steht den frischen Früchten geschmacklich kaum nach. Mango-Fruchtmus aus indischen Mangos ist im Asialaden erhältlich, im Juni und Juli auch die frischen Früchte. Die angegebene Menge reicht für 12 Stück.

Zutaten:
ca. 30 g Sauerklee (1 Liter-Maß locker gefüllt) | 175 g Edelbitterschokolade mit Chili (70 Prozent Kakaoanteil), in Stücke gebrochen | 1 walnussgroßes Stück frischer, möglichst junger Ingwer, grob zerschnitten | 200 g Mehl | ½ TL Natron | 2 TL Backpulver | 1 TL gemahlener Koriander | 1 Ei | 125 ml Buttermilch | 150 g brauner Rohrzucker | 70 ml fruchtiges Olivenöl und etwas zum Einfetten der Bleche | 1 Dose (850 g) Mango-Fruchtmus | 2 ½ EL Zitronensaft | 150 g Puderzucker | frisch gemahlene Chiliflocken | 2 Muffinbleche mit je 6 Vertiefungen

1. Den Backofen auf 180 °C vorheizen und die Muffinbleche einfetten.
2. Zwölf schöne Sauerkleeblätter mit Stiel für die Dekoration beiseitelegen. Von den anderen eventuell grobe Stiele abzupfen, eine Hand voll davon klein wiegen und ebenfalls beiseitestellen, die anderen zusammen mit der Schokolade und dem Ingwer im Mixer pürieren.
3. Das Mehl mit dem Natron, dem Backpulver und dem Koriander sorgfältig vermischen. Das Ei in einer großen Schüssel aufschlagen, mit der Buttermilch und dem Zucker verquirlen und nacheinander das Öl, 300 ml Mangopüree, den Schokoladen-Sauerklee-Mix und die Mehlmischung einrühren.
4. Den Teig in die Mulden der gefetteten Muffinbleche füllen und 20–25 Minuten bei 180 °C backen, anschließend herausnehmen und auf einem Kuchengitter abkühlen lassen. Den Zitronensaft mit dem Puderzucker verrühren, auf die Muffins streichen und mit den klein gewiegten Sauerkleeblättern und den Chiliflocken bestreuen.
5. Kurz vor dem Servieren sticht man mit einer Nadel jeweils ein Loch in die Muffins, stellt je ein Sauerkleeblatt hinein und richtet sie auf einem Spiegel aus dem restlichen Mangopüree an.

Sauerkleepesto

Für 8–12 Portionen

Zutaten:
25 g Sauerklee | 25 g Minze | 60 g blanchierte Mandeln | 1 EL geriebene Orangenschale, frisch oder getrocknet | ca. 50 ml Läuterzucker (dünnflüssige Zuckerlösung, für die man zu gleichen Teilen Zucker und Wasser aufkocht und wieder abkühlen lässt)

Man püriert die Kräuter mit den Mandeln und der Orangenschale und rührt so viel Läuterzucker darunter, bis die gewünschte Konsistenz erreicht ist.

Tipp: Dieses Pesto ist eine raffinierte Ergänzung zu Obstsalaten, Joghurt und Süßspeisen, wie beispielsweise der Panna-Cotta-Creme mit Labkraut und Erdbeeren. Leider ist es nicht so lange haltbar wie Pesto auf Ölbasis, gekühlt hält es aber ca. eine Woche.

Möhrensalat mit Sauerklee und Aprikosen

Für 4 Portionen

Zutaten:
60 g Cashewkerne | 500 g Möhren | 1 gehäufter EL Rohrzucker | 1 walnussgroßes Stück Ingwer, grob zerschnitten | 2 Hände voll Sauerklee | Saft einer Zitrone | 1 EL Walnussöl | 1 Prise Salz | 200 g reife Aprikosen, wahlweise auch Pfirsiche, Nektarinen oder Birnen

1. Die Cashewkerne in einer Pfanne ohne Fett rösten. Die Möhren mit einem Sparschäler schälen und fein raspeln.
2. Den Rohrzucker mit dem Ingwer und einer Hand voll Sauerklee im Mixer pürieren und mit Zitronensaft, Öl und Salz verrühren. Die Möhren untermischen und etwa 30 Minuten ziehen lassen.
3. Die Früchte nach Wunsch häuten, in Spalten schneiden und unter den Salat heben. Mit den restlichen Sauerkleeblättern anrichten.

WIESENKNOPF

SANGUISORBA MINOR

Familie:	Rosengewächse
Lebensdauer:	mehrjährig
Wuchshöhe:	20–80 Zentimeter
Blütezeit:	Mai bis August
Vorkommen:	sehr häufig auf Wiesen, Trockenrasen und an Wegrainen

Aussehen und Anbau

Der Kleine Wiesenknopf ist ein weit verbreitetes Küchengewürz. Irritierenderweise ist er unter dem Namen Pimpinelle bekannt, was leicht zu Verwechslungen mit der Großen und der Kleinen Bibernelle (*Pimpinella major*, *P. saxifraga*) aus der Familie der Doldenblütengewächse führen kann.

Aus einer Rosette äußerst attraktiver Laubblätter mit fünf bis fünfzehn paarweise angeordneten, spitz gezähnten Fiederblättchen ragt ein aufrechter Stängel, der wunderliche kugelige Blütenköpfchen trägt: Die oberen, weiblichen Blüten tragen rote, pinselartig zerteilte Narben, von den unteren, männlichen Blüten hängen bis zwei Zentimeter lange, weißliche Staubfäden herab, und dazwischen findet man einige zwittrige Blüten. Die Blattspitzen, der Stängel und die Knospen sind oft mit einem rötlichen Schimmer überzogen. Der Fruchtbecher ist runzelig oder trägt grob gezähnte Netzleisten.

Im Garten bevorzugt der Kleine Wiesenknopf einen sonnigen Standort mit eher magerem, kalkhaltigem Boden, der sauer oder basisch sein kann. Bei ausreichender Feuchtigkeit entwickeln die Blätter ihr Aroma besonders gut und können bei milder Witterung das ganze Jahr über geerntet werden. Benachbarte Pflanzen reagieren auf die Anwesenheit des Kleinen Wiesenknopfs mit auffallend gesundem Wachstum. Damit er sich nicht gar zu stark aussät, schneidet man die Blüten vorsichtshalber ab.

Kulinarisches

Die jungen Blätter haben einen frischen, nussartigen Geschmack mit einem an Gurken erinnernden Aroma, das sich am besten in Verbindung mit Zitronensaft oder Essig entfaltet. Damit es nicht verloren geht, darf man die Blätter nicht zu sehr erhitzen und auch nicht trocknen. Deshalb fügt man die klein geschnittenen Blättchen immer erst am Ende der Kochzeit zu. Zur Konservierung friert man die Blättchen ein oder legt sie in Essig bzw. Zitronensaft ein. Sie eignen sich vortrefflich für Kräutermischungen in Salaten und Quarkzubereitungen und sind für die Frankfurter Sauce unerlässlich. Auch mit Tomaten, Pilzen und Eiern harmoniert das würzige, etwas herbe Aroma. Viele Mineralstoffe und Vitamine (besonders Vitamin C), Gerbstoffe und Flavone sind im Kleinen Wiesenknopf enthalten. Wegen seiner verdauungsfördernden Wirkung wird der Kleine Wiesenknopf auch als Gewürz für Magenliköre verwendet.

Heilkraft

Der Kleine Wiesenknopf wirkt appetitanregend, entzündungshemmend und zusammenziehend. Äußerlich angewendet verschafft ein Tee aus den Blättern Linderung bei Sonnenbrand und geröteter Haut. Getrunken soll er stärkend, leicht harntreibend und kariesvorbeugend wirken. Ferner unterstützt der Tee die Therapie von Dünndarmentzündungen sowie Leber- und Gallebeschwerden. Ein aus der Wurzel gekochter Sud wird bei Entzündungen im Mund- und Rachenraum zum Gurgeln verwendet.

Wissenswertes

In Pestsagen aus dem Mittelalter wird oft von der angeblichen Heilkraft des Krauts berichtet. Meist gab ein Vogel oder eine Stimme aus dem Himmel den Rat, der

Seuche mit Pimpernell zu begegnen. Dabei ist allerdings unklar, ob es sich um den Kleinen Wiesenknopf oder die Bibernelle handelt, die ähnlich gefiederte Blätter hat. Einer alten Volksweisheit zufolge macht der Kleine Wiesenknopf das Herz froh und den schlechtesten Wein bekömmlich.

Der Kleine Wiesenknopf ist häufig Bestandteil der traditionsreichen Neun-Kräuter-Suppe, die noch heute in manchen Gegenden am Gründonnerstag zubereitet wird. Schon bei den Germanen und Kelten war es Brauch, sich nach dem Winter von dreimal drei der ersten Wildkräuter eine Suppe zuzubereiten. Mit ihrer Hilfe wollte man eins werden mit den heiligen Kräften der Natur und man erhoffte sich dadurch Stärke und Gesundheit für das ganze Jahr.

Eiersalat mit Pimpinelle

Für 2–4 Portionen

Zutaten:
3 EL Mayonnaise | 3 EL Schmand oder Joghurt | 1 EL mittelscharfer Senf | 2 EL Kapernessig | Salz | Pfeffer | 1 Prise Zucker | 6 hart gekochte Eier | je eine rote und gelbe Paprikaschote, vom Stielansatz befreit und entkernt | 3 Frühlingszwiebeln | 35 g fein gewiegte Pimpinelle

1. Die Mayonnaise mit dem Schmand, dem Senf, dem Essig und den Gewürzen cremig aufschlagen.
2. Die Eier achteln, die Paprikaschoten in kleinste Würfelchen und die Frühlingszwiebeln in feine Röllchen schneiden. Zusammen mit der Pimpinelle vorsichtig unter die Salatcreme mischen und etwa 30 Minuten durchziehen lassen.

Tipp: Dazu schmeckt frisches Butterbrot.

Forelle-Pimpinelle-Creme

Für 4 Portionen

Zutaten:
125 g geräuchertes Forellenfilet | 5 große EL Frischkäse | Spitzen von einem Bund Spargel | ca. 10 Zweige Pimpinelle | Salz | Pfeffer

1. Die Forellenfilets zerpflücken und mit einer Gabel den Frischkäse untermengen.
2. Die Spargelspitzen von den Stangen abknipsen und die Knospen einzeln ausbrechen. Die Pimpinelleblättchen von den Stielen zupfen, klein wiegen und mit den Spargelknospen unter die Forellencreme mischen. Mit Salz und Pfeffer abschmecken.
3. Die Masse zu kleinen Kugeln formen und mit Baguettescheiben anrichten. Die Spargelstangen beispielsweise für einen Salat verwenden.

Wildkräuterspundekäs

Spundekäs ist eine Rheinhessische Spezialität und wird traditionell zum Wein gereicht, passt aber genauso gut zu einem Glas Bier. Die variantenreichen Grundrezepte werden eigentlich immer mit Paprikapulver gewürzt, in Verbindung mit den Wildkräutern entsteht aber eine unappetitliche Farbe, weshalb ich darauf verzichtet habe. Die angegebene Menge reicht für 2–4 Portionen.

Zutaten:
250 g Quark, 20 oder 40 Prozent Fettgehalt | 250 g Frischkäse | 2 gehäufte EL fein gehackte Pimpinelle | 3 gehäufte EL fein gehackte weitere Wildkräuter je nach Jahreszeit wie Bärlauch, Giersch, Löwenzahn, Knoblauchsrauke, Kresse, Dost, Wiesenlabkraut, Rotklee etc. | 3 Frühlingszwiebeln, sehr fein geschnitten | nach Geschmack etwas fein gehackten Knoblauch | Salz | Pfeffer | einige Spritzer Zitronensaft | Laugen- oder Salzbrezeln

1. Quark und Frischkäse glatt rühren.
2. Die vorbereiteten Kräuter, die Zwiebeln und nach Geschmack den Knoblauch unterrühren und mit den Gewürzen kräftig abschmecken.
3. Den Spundekäs etwas durchziehen lassen und mit Brezeln servieren.

Erntetabelle der essbaren Pflanzenteile

Pflanze	Januar	Februar	März	April	Mai	Juni	Juli	August	September	Oktober	November	Dezember
Beinwell	–	–	Blatt	Blatt	Blatt, Blüte	Blatt, Blüte	Blatt, Blüte	Blatt, Blüte	Blatt, Blüte	–	–	–
Borretsch	–	–	Blatt	Blatt	Blatt, Blüte	Blatt, Blüte	Blatt, Blüte	Blatt, Blüte	Blatt, Blüte	Blatt	–	–
Dost	–	–	–	Triebspitzen	Blatt	Stängel, Blatt, Blüte	Stängel, Blatt, Blüte	Stängel, Blatt, Blüte	Triebspitzen, Stängel, Blatt, Blüte	Triebspitzen	Triebspitzen	–
Fenchel	–	–	–	–	Blatt	Blatt	Blatt, Blüte	Blatt, Blüte, Frucht	Blatt, Blüte, Frucht	Frucht	–	–
Franzosenkraut	–	–	–	–	Blatt	Blatt	Blatt, Triebspitzen	Blatt, Triebspitzen	Blatt, Triebspitzen	Triebspitzen	Triebspitzen	–
Gundelrebe	Blatt	Blatt	Blatt, Triebspitzen, Blüte	Blatt, Triebspitzen, Blüte	Blatt, Triebspitzen, Blüte	Blatt, Blüte	Blatt, Blüte	Blatt, Blüte	Blatt	Blatt	Blatt	Blatt
Huflattich	–	Blüte	Blüte, Blatt	Blüte, Blatt	Blatt	–	–	–	–	–	–	–
Labkraut	–	–	Triebspitzen	Triebspitzen	Triebspitzen, Blüte	Triebspitzen, Blüte	Triebspitzen, Blüte	Triebspitzen, Blüte	Triebspitzen, Blüte	Triebspitzen, Blüte	Triebspitzen, Blüte	–
Mädesüß	–	–	Blatt	Blatt	Blatt	Blüte	Blüte	Blüte	–	–	–	–
Malve	–	–	–	Blatt	Blatt, Blüte	Blatt, Blüte	Blatt, Blüte, Frucht	Blatt, Blüte, Frucht	Blatt, Blüte, Frucht	Blatt, Frucht	–	–
Rotklee	–	–	Blatt	Blatt, Blüte	Blatt, Blüte	Blatt, Blüte	Blatt, Blüte	Blatt, Blüte	Blatt, Blüte	Blatt, Blüte	–	–
Schafgarbe	–	–	Blatt	Blatt	Blatt, Triebspitzen	Blatt, Triebspitzen, Blüte	Blatt, Triebspitzen, Blüte	Blatt, Triebspitzen, Blüte	Blatt, Triebspitzen, Blüte	Blatt, Blüte	–	–
Scharbockskraut	Blatt	Blatt	Blatt	Blatt	–	–	–	–	–	–	–	–
Taubnessel	–	Triebspitzen, Blatt	Triebspitzen, Blatt	Triebspitzen, Blatt, Blüte	Blatt, Blüte	Triebspitzen, Blüte	Triebspitzen, Blüte	Triebspitzen, Blüte	Triebspitzen, Blüte	Triebspitzen, Blüte	–	–
Veilchen	–	–	Blüte	Blüte, Blatt	Blatt	–	–	–	–	–	–	–
Waldmeister	–	–	–	Stängel	Stängel	–	–	–	–	–	–	–
Wiesenknopf	Blatt	Blatt	Blatt	Blatt	Blatt, Blüte	Blatt, Blüte	Blatt, Blüte	Blatt, Blüte	Blatt	Blatt	Blatt	Blatt
Waldsauerklee	–	–	–	Blatt	Blatt, Blüte	Blatt	Blatt	Blatt	Blatt	Blatt	Blatt	–

Zeichenerklärung: Blatt · Blüte · Frucht · Stängel · Triebspitzen

Tipps zum Sammeln von Wildblumen

- Achten Sie darauf, dass die Sammelstelle frei von Verunreinigungen ist. Deshalb die Pflanzen nicht an Straßenrändern, Hundespazierwegen und Bahndämmen, nicht auf Schutthalden, gespritzten Feldern und stark gedüngten Wiesen pflücken.
- Nicht in Naturschutzgebieten sammeln! Immer nur so viel ernten, dass der Bestand nicht gefährdet wird. Am besten nur so viel, dass es kaum auffällt.
- Die beste Zeit zum Sammeln ist vormittags, wenn der Tau gerade abgetrocknet ist.
- Von Krankheiten und Schädlingen befallene Pflanzen mit Belägen, Flecken oder Fraßstellen meiden!
- Besonders zart und wohlschmeckend sind junge Triebe und kleine Blätter. Man knipst sie mit Daumen und Zeigefinger ab. Auch eine Schere und Handschuhe können hilfreich sein.
- Unbrauchbares wie welke Stellen, altes Laub und Gras entfernt man an Ort und Stelle, um später Zeit und Mühe zu sparen.
- Zum Transport eignen sich Stofftaschen und Papiertüten sowie luftdurchlässige Plastikgefäße. In feuchte Küchentücher gewickelt bleibt die Ernte auch bei großer Hitze und auf einem langen Heimweg frisch.

Register der Rezepte

Literaturtipps

Ach du grüne Neune! Die lange Geschichte der Kräuter. Naturmagazin 1/2007, Rangsdorf: Natur & Text.

Aichele, Dietmar; Golte-Bechtle, Marianne: Das neue Was blüht denn da? Stuttgart: Kosmos, 1997.

Bänziger; Erica: Wildkräuterküche. Lenzburg/Schweiz: FONA, 2008.

Bross-Burkhard, Brunhilde; Endres, A. F.: Wildkräuter und Wildgemüse, erkennen – sammeln – geniessen. Neustadt an der Weinstraße: Umschau, 2008.

Bühring, Ursel: Alles über Heilpflanzen. Erkennen, anwenden, gesund bleiben. Stuttgart: Ulmer, 2007.

Finken, Kriemhild und Aloys: Kräuter in Küche und Garten. Ostfildern: Thorbecke, 2009.

Fleischhauer, Steffen Guido: Enzyklopädie der essbaren Wildpflanzen. Baden: AT Verlag, 2005.

Hiener, Ralf; Schnelle, Olaf; Freidanck Anne: Essbare Landschaften. Wildkräuter, Natur und Küche. Weil der Stadt: Hädecke, 2005.

Kraut und Rüben. Magazin für biologisches Gärtnern und naturgemäßes Leben. Monatszeitschrift. München: DLV.

Kreuter, Marie-Luise: Der Bio-Garten: Gemüse, Obst und Blumen naturgemäß angebaut. München: BLV, 1981.

Schröder, Kerstin: Wildpflanzen aus dem Garten auf den Tisch. Ostfildern: Thorbecke, 2009.

Witteler, Waltraud; Meier, Andreas; Flor, Maria: Kochen mit Wildkräutern. Neue Aromen – 80 Rezepte. München: Christian Verlag, 2008.

Webadressen

http://www.botanikus.de/
Pflanzennamendatenbank, Heilpflanzenbilder, Giftpflanzen

http://www.gartendatenbank.de/
Privates Pflanzenlexikon, Steckbriefe und Pflegehinweise

www.gartenliteratur.de
umfangreiche Sammlung für Garten und Literaturfreunde; Gartenbuchempfehlungen, Leselaube, Gartenkalender, Pflanzenporträts, Rezepte, Gartenlinks

http://www.essbare-wildpflanzen.de/
Informationen über Wildpflanzenangebote, Bücher, Wildpflanzenprodukte

Gartengestaltung nach ökologischen Gesichtspunkten:
http://www.naturgarten.org/
www.nabu.de/oekologischleben/balkonundgarten/gartenelemente

Bezugsquellen für Saat- und Pflanzgut:
http://www.blauetikett.de/
https://www.ruehlemanns-shop.de/
www.gaertnerei-strickler.de

Informationen zu Heilpflanzen:
http://www.forum-naturheilkunde.de/phytotherapie/index.html
http://www.kraeuter-verzeichnis.de/
http://www.heilpflanzen-suchmaschine.de/
http://www.natur-forum.de/lexikon/kraeuter/

Frischkräuterversand und mehr:
http://www.essbare-landschaften.de
http://www.naturkraeutergarten.de/
http://www.wild-ess-kraut.de/

Danksagung

An dieser Stelle möchte ich mich vor allem bei meiner Familie für die Begleitung auf meiner kulinarischen Entdeckungsreise bedanken. Besonders herzlicher Dank gilt meiner Lektorin, Frau Dr. Janina Drostel vom Jan Thorbecke Verlag, die die Entstehung dieses Buches von Anfang an begleitete.

Bildnachweis

Sämtliche Fotos stammen von Annette Kretzschmar.

Die historischen Abbildungen entstammen folgenden Bänden der Württembergischen Landesbibliothek Stuttgart:
Fuchs, Leonhard: Neuw Kreüterbuch ..., Basel 1543: 16, 22, 37, 46, 64, 72, 88, 101, 106;
Weinmann, Johann Wilhelm: Eigentliche Darstellung Einiger Tausend in allen vier Welt-Theilen gewachsener Bäume, Stauden, Kräuter, Blumen, Früchte und Schwämme..., 2 Bände, Augsburg 1735: 55, 60, 79, 85, 94.

Verlag und Autorin danken Herrn Dr. Eberhard Zwink, dem Leiter der Abteilung Alte und Wertvolle Drucke der Württembergischen Landesbibliothek Stuttgart, für seine fachkundige Unterstützung.